# 序一

學海無涯，知識無限。在一個春光明媚、鳥語花香的日子，我收到梁偉樂醫師的邀請為他的醫案集寫序。

認識梁醫師已近二十年，當時他是浸會大學與皇家墨爾本理工大學健康學學士學位的學生，而我是他們的老師和班主任。在我眼裏他是一位學習認真，斯文友善，時常面帶微笑，說話容易臉紅的大男孩。有一次無意中聽其他學生說他是從事醫護工作，這讓我感到好奇，我很想找個機會問問他為甚麼對中醫那麼感興趣，在如此繁忙的工作中將自己業餘時間全部用來學習。

可惜大家都很忙，找一個閑聊的機會並不容易，直到他畢業都未能找到合適的機會將疑團解開。

若干年過去，在一次師生聚會上，他說自己開了兩間中醫診所，其中一間準備與慈善機構合作，為低收入的人群服務。我聽後覺得已經不需要再問他當初為何來學中醫，因為我感受到了他的初心，也看到了他的成長。這種初心，這種成長，讓我感到歡喜，感到欣慰，同時也感到自豪。

本著仁愛之心，解除世間之疾苦成為一個醫者的使命。中醫博大精深，活人無數。讀者可從醫案中感受到其神奇和奧妙。它體現出中華文化之美，這種文化源遠流長，在現代醫學的衝擊下，仍然保持著強大的生命力，在臨床實踐中閃爍著它的光芒。

香港大學中醫藥學院
**尤傳香博士**
二〇二三年三月三十日於香港

# 序二

二〇〇九年，來自香港浸會大學的梁偉樂醫師到我院實習輪科，當時我觀察到這名香港學生對中醫學的特濃厚興趣，學習知識務實主動，對各種臨床問題總是刨根問底，對疑難病例不斷探索追求，實習期間表現優異。及後得悉梁醫師畢業返港後在香港鬧市開設醫館，濟世為懷，實在可賀。如今，梁醫師在懸壺濟世之餘，還能抽出寶貴時間提筆分享個人醫學經驗，借此與同道中人及民眾分享中醫學點滴，實在難能可貴。該書所記錄的醫案均用最樸實、通俗易懂的語言和邏輯，講述其在行醫過程中的臨證經驗，定能令讀者獲益不少；並借此讓一般市民對中醫國粹的認識加深，對弘揚中華文化、發展中醫藥事業作出貢獻。反復思考、不斷學習是一位醫者最優良的品質和取得成功的必要條件，堅持從醫二十年，是到了取得經驗成果的階段，梁醫師的醫學經驗分享令我感到份外喜悅。在此，期盼見到梁醫師取得大的成功，並與大眾分享其經驗所獲。

廣東省名中醫
廣東省中醫院珠海醫院
**李勇教授**

# 序三

與作者梁偉樂的認識，始於初中年代。對他的認知，是他對每件事都有著強烈的好奇心；他樂於助人、熱情爽朗的性格亦感染不少同學，所以他每到之處，都吸引很多崇拜及仰慕他的「粉絲」。後來，機緣巧合之下，再次在職場上碰見他，那時他就業於藥廠，和他有了更多接觸的機會。後來聽聞他再進修中醫藥，雖與我所學的西醫，有着南轅北轍之別，但大家都本着助人為快樂之本的精神，亦有不少共同話題。偉樂今次出版的醫案集，其中不少篇幅令我大開眼界。我所學的西醫醫學理論與中醫的望、聞、問、切有很多類近的共通點，對中醫藥之認識亦因而有所增進。在不同的個案中，臨床的診證和藥物的調配與西醫診斷都有著類近的處理手法。在西醫醫學角度，藥物調配亦源於草本或菌類，效力亦因人而異。其實，中藥或西藥最重要的都是如何用藥，了解藥物的效力和各病人的臨床反應，亦需要一個有系統的記錄、分析和分類藥物的調配，更要明白各藥物都有其毒性甚至和其他藥物服用後的不同影響。把診症都詳細記錄在案，參考前人的診斷亦是作為醫生不可或缺的操守。香港作為中西文化交融匯點，我覺得是一個非常理想的地方，可讓中西醫藥聯合治療病人。就看新冠疫情肆虐內地時，內地亦曾聯合中西醫藥一起治療新冠病患者，成果斐然。香港的公私營醫療環境各有長處，相信亦能配合而給予更大的治療自由度，讓中西醫聯合治療拼出更熾熱的火花。

八一三醫療中心・腦神經科專科醫生

**韓方光醫生**

# 自序

本書緣起，全因為何紹奇老師，何老師平實的裝束、小息時在演講廳內抽煙的印象，如今歷歷在目。二零零五年上他的最後一課，我仍然深刻記得。當天他的皮鞋光亮、襯衫畢挺，言談依舊溫文爾雅，留下的最後一句話，記得是「知識是需要相傳下去」，之後他就離開了我們。這句說話就像希望種子一樣，多年來一直埋藏於我心底，靜待發芽。

直至二〇二二年中，開始着手這本小書，回顧過往的醫案，更令我感受到中醫學的博大精深，它既是醫學，亦是科學、玄學和文學。憑着這套源遠流長的中醫文化，守護了多少代我們的前人。原來醫者只要謹守「辨證論治」及「一顆學習醫道的初心」，就有機會帶給病者希望的曙光。

誠然，未敢自誇拙作帶給讀者甚麼寶貴知識，謹願藉此拋磚引玉，喚醒讀者對中醫藥的興趣及追求，一同感受它的魅力。

**梁偉樂**

二〇二三年仲夏

# 目錄

## 第2章／婦科篇

## 第4章／情志篇



## 第5章／雜症篇

# 第1章

# 內科篇

# 鼻咽癌中西醫結合治療

大約八年前，一位三十歲的年輕男士，因持續兩個月早上鼻涕帶有血絲，於是求診耳鼻喉科，PET CT（正電子電腦掃描）及組織化驗，確診為一期鼻咽癌。

主診醫生診斷後認為，因為未見病灶轉移，淋巴亦未見擴散，決定病人暫時只需要電療，但要盡快以免耽誤病情。於是這位男士沒有等待政府醫院排期，直接到了養和醫院接受電療，度身做好模具後就立刻安排治療。

這位男士的太太一向有在我診所複診調理，順理成章他太太向我們查詢，問到中醫中藥對他先生現在的情況有否幫助？以我認識中醫藥在治療癌症方面，有三個角色可以扮演。

1. **輔助治療**：尤其在香港，大部份癌症病人均會先採用西醫治療，包括手術、電療及化療，現在更新的還有鏢靶治療及免疫治療等。中醫中藥在這個時間可以輔助病者的西醫治療，紓緩一些副作用症狀，如嘔吐、腹瀉、食欲不振、白血球減少、疲倦等。

2. **積極治療**：有些病人對於西醫治療並沒有效果，或者已經擴散至四期，西醫方面已經沒有甚麼治療建議，於是就會求診中醫，希望以中藥積極治療。一般會採用毒性較強的中藥「以毒攻毒」，希望可以控制癌細胞。筆者在這方面沒有甚麼獨特經驗，只是從前見過老師們用這類方法治療癌症病人。

3. **姑息治療**：對於一些擴散程度比較嚴重，中西藥治療未見效果，又或因為病人年紀太大不想再受治療副作用的煎熬，於是採用姑息治療，中醫中藥在這時候會以紓緩病者一切不適為主，如氣虛的補氣，納差的健脾開胃，便秘的潤腸通便，失眠的養心安神等等。

對於這位先生現正接受電療，我認為中醫中藥輔助治療對他康復有一定的幫助，故此我建議他太太先向他們的主診醫生查詢，可否考慮中西結合治療。鼻咽癌電療的常見副作用主要包括電療位置皮膚局部灼傷、口腔潰瘍疼痛及口乾等。我建議服用一些清熱生津的中藥，紓緩口乾、口腔潰瘍、頭痛的情況。

兩天後太太帶先生前來求診，意外地得悉他的主診醫生同意我建議的方案，這是我很少遇到的。而病人現在不適的情況正如我估計一樣，於是經過四診辨證後，我處方了潤肺生津的「沙參麥冬湯」加減，並吩咐病人服藥時，把藥含在口中一段時間才吞下去。四服藥後，不適症狀已經大大紓緩，他繼續服食中藥至電療完畢，喜見病人直到現在未有復發。

**後續**

全球鼻咽癌病發率，在我國南方沿海地區比較高，而香港治療鼻咽癌經驗及純熟程度在世界數一數二。有幸病者今次可以接受中西結合治療，得到頗為滿意的效果。如果這個中西結合治療平台可以建立，我相信受惠的必然是我們的病人，在此向該位富有前瞻性的養和醫院醫生致敬。

# 心律不正

這案例大約發生於兩年前，病人是一位婆婆，她的兒子（仔仔）認識我所以帶婆婆來求診。

婆婆三年前因為頭暈，入了聯合醫院，留院觀察了幾天都找不到異樣，醫生便建議仔仔帶婆婆到私家化驗所做一次二十四小時的心電圖檢查，因為在公立醫院輪侯時間很長，於是仔仔便安排婆婆到院外做檢查。

報告出來後，仔仔不是第一時間帶婆婆看心臟科，反而帶婆婆來找我。我一看那份心臟報告便嚇了一跳，報告詳細記錄婆婆在過去二十四小時有不定時的心律不齊，即心臟時跳時不跳，當中試過最長時間有連續五秒心臟沒有跳動。如果學過急救的都知道心臟停頓五秒需要施行心肺復甦法的。我問婆婆覺得身體有甚麼不適，她說常常覺得「旋」，即天旋地轉的感覺。我估計是因為她心律不齊，心臟供血腦部不足，所以有「旋」的感覺。

我開始盤算如何幫她呢？用甚麼中藥能幫助婆婆呢？因為她當時正在排期看西醫心臟科，但要排兩個多月。我就對她說：「我會盡力幫你。」其實我都不敢保證任何事，皆因我們行醫的都知道用藥都是幫五至六分，剩下來的要靠天意，所以我只說盡力做。

我開了些安神鎮驚和補心血的藥，一星期後婆婆回來複診說：「我旋的感覺少了，偶然間坐下來都無問題，不像以前整天在家都要臥床。」再過一星期她又回來複診，發現旋的感覺減少了很多，可能一星期只有一至兩次，我著她每次有旋的感覺就記下來。我發現我其他有心律不齊的病人，當發病時都有旋的感覺。

婆婆繼續吃藥，旋的感覺越來越少，甚至在我面前，我幫她把脈都感覺不到她有心律不齊。心律不齊在中醫脈象會出現「結代脈」，意即搏動時偶有一歇止，每次歇止間隔沒有規律，你不知它甚麼時候停，又可說是無定數的意思，又或例如心跳每五下停一下，止有定數。婆婆已沒有這種脈像，後來連旋的感覺都沒有了。我跟仔仔說：「你去看政府心臟科時不妨問問醫生可否安排多一次二十四小時心電圖檢測，因為婆婆的心跳從我第一次看她到如今兩個月後完全不同。最初是很不規律，時常停頓或亂跳一通，但現在很有規律，沒有以前的症狀。所以如果許可就請醫生安排，如果沒有辦法就自己出去再做一次。」幸好醫院同意安排，出來的結果亦是心跳很有規律。這報告結果令到原先的安排有矛盾，因為主診醫生在婆婆六月見他時，打算於十二月為婆婆安排安裝心臟起搏器手術，但現在婆婆的心跳很正常，所以主診醫生便說這手術不做也行，著家人商量做不做手術。

仔仔問我意見，我亦沒有建議，因我今次能夠用藥把婆婆的心跳搞好，但我不能保證往後不再有心律不齊，畢竟婆婆已八十多歲，而且有糖尿病。他們最終決定做手術安裝起搏器。

我說：「我可以做的是幫助婆婆的心跳正常，因為起搏器是自動監察的，作用是當心跳停止時它便運作電擊婆婆的心臟，如果心跳正常，它便不會運作。」我希望我能幫助婆婆維持正常心跳，使它不用運作。婆婆最後裝了心臟起搏器，至今她一直都很健康。

**後續**

這案例讓我最想跟大家分享的是，原來這麼嚴重的病——心律不正，中醫中藥都能幫到病人，把病人心跳回復正常。當然不可以說是每一位都會成功，但至少的確出現令人鼓舞的例子。

**可以改善心律不正的中藥包括：**

龍骨、龍齒、牡蠣、石決明、磁石、紫石英等。

# 心律過緩

這案例發生於一年前，這位婆婆因為糖尿病來求診，已有好幾年時間。她來找我前的空腹血糖讀數大約是九度多，我便教她如何控制飲食和服用中藥，到現在求診的血糖指數維持在六至七度，比較理想。最近一兩年，有更出人意表的發現，就是她的西醫檢查她腎功能的指數肌酸酐由從前一百多降到現在的八十多，已回復到正常指數，婆婆也很精靈。故此她的家人都很支持她繼續服用中藥調理。

近日，婆婆發現小便時很不舒服，但那時我比較忙，一直約不到時間看她，故她便到她家住附近的西醫診所看病。她兒子說看西醫當日有很多人打新冠疫苗，醫生不能用太多時間看他媽媽，看完後說她是尿道炎，開了些西藥。

婆婆吃西藥後覺得很不舒服，主要是覺得心臟有問題。於是她來找我，我幫她診證時血壓尚算正常，只是稍稍偏高，心跳每分鐘七十多下。我跟婆婆說「你應該是吃西藥後出現副作用。」為甚麼我會這麼說呢？因為我認識的婆婆心跳從來不會超過一分鐘五十五下，她是生理性心律過緩。但當時我把她的脈，心跳每分鐘超過七十下，所以我比較肯定是出現了西藥的副作用，心跳加速，使她很不舒服。她把她的西藥帶來，後來我上網查考這些藥，亦見到有加快心率的副作用。我建議她先停一停西藥，然後我開一些安神鎮驚解毒的中藥，用作減慢心跳。她服用大概三天已有好轉，她覺得舒服很多了。自此婆婆有甚麼問題都不想去看西醫，而是先來找我，因她覺得我了解她。

後續

其實不論中西醫都有家庭醫生，當你對你的病人了解多一點，對於大部分病人以為是正常的情況可能已察覺到是不正常，就能及時找出問題癥結所在，對症下藥。這案例讓我更清楚，嘗試仔細了解你的病人非常重要。

**常用解藥物副作用及中毒的中藥包括：**

生甘草、綠豆等。

# 胃酸抑制劑真有用？

一位男士來求診，他本身有輕微糖尿，身材有點肥胖，他來找我就是希望中醫能幫他控制血糖和體重。另外他胃部有不適幾年了，他本身服用西藥——胃酸抑制劑。我了解他的飲食習慣和體重各方面後，我真的覺得他有點過重。便勸喻他在飲食方面節制，減少進食碳水化合物。

碳水化合物對於某些人是很難消化的，令胃的負擔較重。古代的中國人要務農，體力勞動很大，食五穀類當然沒有問題，更是能量的來源。

但現代人大都擔任文職工作，熱量消耗較少，碳水化合物食下去很容易令血糖升高，更會變成脂肪，積聚在身體。

這男士本身已經超重，再加上他吃很多碳水化合物，我便勸他戒口。還有他正服用的胃酸抑制劑與他的身體有矛盾，他進食需要胃酸分泌去消化，而胃酸抑制劑卻抑制胃酸分泌，結果食物整晚都停留在胃裏，到晚上睡的時候胃酸便湧上來。他接納我的勸告，同時我亦開了中藥。

古代已出現一些很經典的藥方，專醫「腹中時痛」，即胃和腹時不時隱隱作痛，主要會用到一種較特別的藥，就是飴糖（麥芽糖），古方也有用到麥芽糖。他吃了這藥方個多星期之後，再加上戒口，他跟我說已經停用胃酸抑制劑，再沒有胃酸倒流，胃部不適亦大大減輕。

體重方面，他花了三個星期減去十磅，非常高興。體重減輕，加上胃部不適改善，看到有成績，他很樂意繼續堅持。結果他的血糖回復正常，胃酸倒流再無出現，胃酸抑制劑不用再吃。晚上在家吃飯時，他不再吃五穀類，結果一直到現在都不再發病。

後續

《傷寒論》中記載古方「小建中湯」，對於現代醫學胃部因慢性胃炎、輕度胃潰瘍等引致不適隱痛，都非常有效果。藥方中的君藥，就是飴糖（麥芽糖），縱是糖尿病人只要用量不多問題不大。

**原方包括：**桂枝、白芍、生薑、大棗、炙甘草、飴糖。

# 尿酸變腎石

一名中年男士，他在某星期六的早上致電診所，問姑娘：「可否安排一個最快的時間求診，說有急症。」於是姑娘安排了當日的十二點。他的急症是甚麼呢？原來他早上小便的時候，發現小便流速慢了很多，他問我有沒有藥物可以幫助。我當時估計他應該生了結石，可能在膀胱或者輸尿管。

我當時沒有辦法可以檢查到結石在哪裏，而眼前最重要是做治療而非檢查。我說：「你要有個最壞的打算，如今天晚上或再過一兩天，你小便越來越困難，甚至排不到尿，你要立即到醫院做導尿程序。」

我開了中藥給他，跟他說古代如果有腎結石或膀胱結石，我們稱之為「石淋」。「淋」不是西醫說的淋病，中醫的「淋」是和小便有關的，會有血淋和石淋等等。血淋即小便有血，石淋即小便有結石。我開了很多有「金」字的中藥，因有很多「金」字的中藥在古代都是醫治泌尿系統結石的。我叮囑他小心看顧自己，星期一再回來複診。

星期一他回來複診說小便的速度快了，但還未回復正常。我說你可以選擇繼續吃藥，觀察一下。他的心情當然忐忑不安，因他很不想導尿。我說現時還未知道你需不需要導尿，還是先觀察及服藥吧。

到星期三他再來複診，今次他帶了個小禮物給我看，是一粒結石。原來他排尿時把結石排了出來，大概有一粒中藥蒼耳子般大小，表面很粗糙。根據我的經驗，這粒應該是尿酸結石。意思即這病人的尿酸應該頗高，尿酸在腎臟附近積聚變成尿酸石；有些尿酸高的人則容易患上痛風。我表示雖然你現在排了一粒出來，但我不清楚你裏面還有沒有結石，建議他繼續吃藥。他很樂意，因他看到效果。

我說：「你就算不去照聲波檢查，也有別的方法，可以初步估計還有沒有腎結石；你可以去驗一驗小便，驗一驗血尿情況和尿酸。如果有腎結石很大可能有微量的血尿，如果沒有腎結石就驗不到血尿。但因你剛剛才排出結石，不要這兩天去做，否則有機會尿道因輕微磨損而出現假陽性。」

他聽了我意見，待食完中藥才去驗血及小便。之後他把報告帶來給我看，結果和我估計的完全一樣，沒有血尿，我相信腎結石問題應該解決了。但尿酸值相當高，我奉勸他小心飲食，所有甲殼類海鮮、內臟、老火湯和啤酒之類都要戒掉。

中藥也有可以控制尿酸的，他斷斷續續都有服用中藥，尿酸控制得不錯，在正常範圍，腎結石亦再無出現。

後續

**利尿通淋中藥包括：**

海金沙、金錢草、川木通、葦莖、路路通、車前子等等。

# 中醫治系統性紅斑狼瘡

一名五十多歲的女子，因免疫系統出了問題，全身疼痛。於是她前往仁濟醫院跟進她的問題，醫生當時懷疑她患了類風濕關節炎或者是系統性紅斑狼瘡，於是為她抽血化驗。結果是她的抗核抗體（Antinuclear antibody）比較高，其他暫時沒大問題，懷疑是系統性紅斑狼瘡。

這位病人還未退休，一直工作，不知是否因為工作緊張（她於房屋署做物業管理），壓力較大，但未能確定這是否病因。她跟我說醫院也會跟進她的病情，現在排期輪候。我說：「明白，我們現在先試一試用中藥治療。」

應用中醫第一件事是辨證，她的體質比較濕，濕的情況很嚴重，除了燥濕外，我還開了一些平伏她的免疫系統的中藥。中藥也有使免疫系統平伏的，例如魚腥草、蒲公英、徐長卿等能使免疫系統減慢活躍，跟西藥的基理有些雷同。她由二〇一八年八月份開始找我醫治，到一九年初她再到醫院抽血檢驗，報告出來說她的抗核抗體已經回復正常。她服食中藥大概四至五個月時間便控制病情，後來完全不用服藥。

究竟免疫系統的病是否無法醫治呢？答案可能是「不一定」。當然我不能說每一個免疫系統病的病人都能吃中藥治癒。但在我臨床經驗看到，有些免疫系統病似乎是可以控制，甚至能像以上案例的病人一樣幸運地完全根治。

二〇一八年我另有一個新案例，一位三十歲女士，因腳掌疼痛前往北區醫院求診。院方為她抽血化驗後，懷疑是非典型類風濕病，可是給她的專科診治期要排到一年後，她經友人介紹來找我。我開了跟之前女士差不多的藥，她服藥之後表示關節疼痛好了很多，連早上起床後的「晨僵」問題也有很大改善。

「晨僵」是甚麼呢？是指早上起床之後，關節非常痛楚和麻痺不能用力，甚至完全不能活動，持續十多分鐘。這是很典型的類風濕關節炎，屬免疫系統病。這病症狀通常都是對稱性的，即左腳側和右腳側同時出現相同問題。

她很快便要到醫院複診，雖然還未安排再抽血檢驗，但我相信她的類風濕因子一定不嚴重，因為她每次再來我處複診時，受影響腳掌關節的紅腫熱痛都逐漸消退了。

後續

對於免疫病，西醫可以用的藥都是類固醇和消炎藥，再嚴重的情況可能要用生物製劑。類固醇和消炎藥一般都不能長期服用，會有一定副作用。

免疫病一樣可以嘗試使用中藥治療，從以上案例可看到中藥治療免疫系統病也有一定的療效。

# 搭橋手術大傷元氣

一位五十多歲的男士，本身沒甚麼長期病患，只是有少許糖尿，一直在政府醫院跟進，控制得頗好，醫院亦有為他定期檢查膽固醇，所有指數包括高低密度膽固醇及三酸甘油脂等都沒有超標。

二〇二二年的四月份，他突然覺得胸口很不舒服，於是去醫院求診，並做了心血管電腦掃描檢查，發現心臟三條大冠狀動脈栓塞接近百分之一百。當時瑪麗醫院為他做了心臟血管搭橋手術，把血管重新接駁，醫生都說手術很成功。

手術之後，問題開始慢慢浮現。在家裏就算只是接觸洗澡的熱水，他都會感到很刺激，使他心絞痛，要立即服用硝酸甘油脷底藥片（脷底丸）。晚上睡覺時也會有心絞痛感覺，又要服用脷底丸，真把他太太嚇壞了。可是到西醫處複診，醫生都說沒有問題，手術很成功。

於是他太太帶他來找我，我了解他狀況後覺得他是因為做完搭橋手術而大傷元氣。因為搭橋手術不是普通小手術，是心臟的大手術，先要把心臟停頓才能接駁血管，他還做了三條之多。他更說手術後覺得不夠氣，而手術前沒有這情況的。太太很擔心會有一次來不及吃脷底丸而一命嗚呼。

我建議不如先服用中藥，看看情況會否改善。另外亦建議一個特別方法可以試試，我請她晚上在先生睡覺後，例如他在十二點睡，太太可在兩點左右拍醒他，待他醒後再睡。這奇怪的方法何解呢？這跟人的睡眠循環有關。人在睡眠的初段快速動眼（REM）是身體休息，但腦部沒有休息的，會不斷發夢，每一個人都幾乎這樣，這階段維持約三至四小時。當進入第二階段睡眠非快速動眼（NREM）就會心跳加速、心跳不規律、全身亂動，一般有心臟病的人都容易在這階段發病，階段完結後再循環。當拍醒了他，讓他重新入睡，再一次經歷頭段睡眠，沒有第一和第二階段的交接，心臟問題有機會可以避免。這個方法啟發於我早前修讀精神科時讀到一篇有關 Sleep Disorders by Henry W. Lahmeyer, MD. 的文章。

於是這位太太回去試了這辦法，發現真的可行，先生再沒有半夜心絞痛，不用再吃脷底丸。中藥方面，我用了一些通血管和使心跳平穩的藥，他用藥後心絞痛改善了，但未能完全根治。我後來建議他服用救心丹，因為救心丹成份對心臟病頗有幫助。

**後續**

我再想到一點，是因為搭橋手術，他的心臟停了很久，我們中醫有句說話叫「大傷元氣」。結果我用了古方，開了附子和人蔘等來大補其元氣，他服後情況慢慢改善。

他最近回去政府醫院做檢查，發現三條血管只有一條在正常工作，另外兩條還是有堵塞。於是又安排了一次「通波仔」手術，做完後喜見日常生活都沒問題了，但餘下的一條血管似乎都要再安排手術。他一直服用我的中藥，喜見一直能改善他的狀況。

**常用通心血管中藥包括：**

水蛭、地龍、丹參、田七、桃仁、紅花、赤芍等。以上這些活血化瘀藥物，孕婦要慎用或禁用。

# 病毒性急性扁桃腺炎

很多年前，有一次我回家探媽媽，當時和媽媽一起住的妹妹生病了。她並沒有離開房間，只是把手從房間伸出來叫我把脈，問我她生甚麼病。我心想，你當你自己是公主嗎？

我當時沒有看到她的臉，但她脈象比較快，我們稱這脈象為「數脈」。有「數脈」即代表有熱症，我便問她有甚麼不適？她說她的喉嚨痛得很厲害，連吞口水都痛。我判斷這是急性扁桃腺炎，我又問她看醫生沒有，她說看了附近的西醫，醫生開了抗生素，已服了兩天藥，可是並無效用。我推斷這不是細菌性的扁桃腺炎，很大機會是病毒性的。

為甚麼我有此判斷？因為抗生素對於細菌性的感染，一般都有顯著效果，大概服一兩天抗生素，症狀應該明顯紓緩。可是她服了兩天抗生素，一點好轉都沒有，所以我頗肯定她是病毒性感染。

在中醫方面又如何醫治呢？基於古代並沒有微生物學，所以中醫在清熱解毒方面並沒有區分細菌性還是病毒性感染。在這刻，我忽然想起以前有位老師很喜歡開的藥方——普濟消毒飲，這方原是醫治一種名為「大頭瘟」的病。「瘟」是指瘟疫的瘟，在古代，瘟疫都是傳染性極強的病，究竟有哪種瘟疫感染後頭部會變大呢？答案很簡單，即是現代醫學的「腮腺炎」。

這藥方不但能醫治腮腺炎，老師和我本人臨床都發現，只要是頭頸部位或呼吸道以上的感染，這方都有很顯著的效果。而扁桃腺就是在呼吸道的上方，所以我便開了普濟消毒飲。

她當晚飲藥後，第二日早上我致電給她，她說已好了九成。可見這藥方的功效多神奇。

普濟消毒飲這藥方的成份我們亦有需要注意的地方，其中一種成份是僵蠶，亦即蠶蟲的屍體。中藥大部份是草藥，但亦有動物類的藥物，而動物類就是異體蛋白，有些人對異體蛋白會有過敏情況，當然我妹妹沒有過敏。

我後來常用這藥方，在這書亦有記錄，只要是急性扁桃腺炎，辨證準確，這方都有很顯著功效。

後續

這次是我人生第一次開普濟消毒飲，當我看到我家人——妹妹親身試驗後，目睹其顯著的功效，使我日後對開中藥方增強信心。

「普濟消毒飲」出自於《東垣試效方》，亦名《東垣先生試效方》、《東垣效驗方》，由羅天益整理其師李東垣的經驗、方藥及驗案匯編而成。在此多謝前人慷慨留下經驗寶貴的藥方，濟世後代。

# 中醫要懂得CT

二〇二一年過農曆年前，一位太太帶她的丈夫來求診。這對夫婦來找我看病已經好幾年了，我對這男病人的狀況都頗了解。他身材較胖，飲食沒有節制，而且他們是做殯儀行業，工作要到很晚才能下班用膳休息。他來求診時跟我說，當天工作時「撞嘢」，意思即是撞到鬼怪事。他說工作時突然感到心口被人刺了一刀，我沒有反對他的說法，當然也沒有認同，只是繼續用心聆聽。病人都是需要宣洩，我會留心聽他們的表述。對於每種宗教信仰我都尊重，皆因我都不了解他的宗教，不知箇中因由。我覺得做醫療事業要抱著中立的態度對待所有宗教，這很重要，我們要尊重每個人對信仰的想法和態度。

由於他一直是我病人，對於他身體的狀況和脈象都有紀錄。我便跟他說：「不如開一些醫心痺、心痛和通心陽的藥，還有化痰和通血管的中藥，你先服藥再看看情況。」臨走時我建議他若然情況許可，去找西醫做一個心血管的顯影電腦素描，他太太說會盡快安排。

由於當時他聲稱他「撞邪」，這情況屬於驚慌，中藥有一些鎮驚的藥，我開了些珍珠末、牡蠣、磁石、蠍子及蜈蚣的粉末，給他沖服。他服藥後情況有改善。

由於病人的年紀不大，她太太比較緊張地為他安排做心血管的顯影電腦素描，完成後，他們帶著報告回來複診，希望我看報告後能給他們一些意見和跟進。

我一看他的報告，發現他三條心臟冠狀動脈都有阻塞，其中兩條已塞了百分之七十五，另一條塞了百分之二十五，情況都頗為嚴重。我說以你這情況，單吃中藥要在短時間把血塊溶解或把栓塞情況減輕比較困難，我便問他會否考慮西醫的治療，做心血管小手術，例如放支架甚或搭橋。他有接受我的意見，我亦繼續開中藥給他，我開了一些蚯蚓、水蛭之類幫助他暢通血管，同時他亦自行去看政府醫生。

他去了賽馬會診所，當醫生一看他的報告，馬上說：「你情況很嚴重，我現在就呼召救護車送你入院。」可是當時是年底，是殯儀業的旺季，所以他說現在不行，要過幾天他才能入院。於是醫生寫了他一張紙，叫他盡快入院。臨離開前，醫生好奇地問他為甚麼突然會做這個心血管電腦造影檢查，太太回答說是他的中醫建議他去做的。醫生聽到後非常驚訝，覺得中醫怎會知道要做這個檢查。太太只是笑一笑便走了。

兩天後，先生把手頭工作處理好便帶著醫生紙到急症室。到達急症室後他把報告交給醫生看，醫生看了緊張地說你要馬上留院，否則你會死掉。

只用兩天時間便安好了支架，他很快康復出院。

他出院後也有來我處複診，我便跟他說他的飲食習慣跟他的健康有莫大關係。我建議這段時間他要改變飲食習慣，要少吃肥甘厚味食物，繼續服用中藥活血散瘀通絡，對他的健康有莫大幫助。

事情過了一年，他再來找我，他的健康狀況穩定，大致良好。

後續

我一向相信西方醫學有其功效，傳統中醫都需要借助西方醫學檢查。單靠中醫四診——「望聞問切」是不足以看到病人的血管栓塞情況有多嚴重。所以我常常強調要西學中用，對病人才有最大的裨益。

**活血散瘀通絡中藥包括：**

桃仁、紅花、丹參、田七、瓜蔞、法半夏、桂枝、地龍及水蛭等。

# 中風後遺症

二〇二三年二月份，經一位病人轉介他的表姐夫，因為中風住了政府醫院半年，然後轉往私家醫院繼續治療，想找一位中醫師到醫院會診。古時專門出外會診的醫師稱為「走醫」，而在自己診所行醫的醫師稱為「堂醫」，所以中醫行業喜歡繼續以「堂」字代表中醫館，本人有幸算是一位堂醫。

病人入住九龍城一間私家醫院已近一個月，有一位腦神經科及一位內科醫生主診。之前他在深水埗的某政府醫院住院大半年時間，轉院時竟然發現身上有兩個頗大的褥瘡。請容我直言，在我初學醫學的九十年代，在內科病房見到褥瘡比比皆是，但以現今醫學及護理的能力，我實在無法接受病人在廿一世紀的先進醫療下竟然還有這些大褥瘡。另外他中風的患側，肌肉幾乎完全萎縮，一雙下肢屈曲不能伸直，情況並不理想。幸好對答思路還算清晰，只是精神狀況疲倦乏力，氣短懶言，加上之前曾經因吞食不當引致肺炎，情況可謂雪上加霜，現在依靠鼻胃喉餵食流質食物。

病人太太給我細閱他丈夫的驗血報告及傷口照片，驗血報告顯示病人有輕度貧血，炎症指數亦比正常稍高，其實之前已經接受輸血，現在仍持續服用抗生素。我仔細觀察病人四診後，覺得他氣血兩虛之餘，亦有傷津情況。查考之下發現病人每日因為只能依靠鼻胃喉餵食，而餵食的水液情況似乎並不足夠，每日食物連同水份不足兩千毫升，於是我建議病者太太向其主診醫生建議進食之間多餵入清水，另外亦希望可以批准煲湯，增加營養。因為他的褥瘡情況癒合不理想，湯水方面，我建議病人太太多烹調些骨膠原豐富的食物給病者。由於他現在只能依靠鼻胃喉進食，所以要用徹底打碎的方法處理如花膠、海參、魚肉之類的豐富膠原蛋白食物，加入湯水希望可以改善褥瘡情況。

另外處方藥物方面，我開了些補氣補血的中藥，以十全大補為基礎，著他太太於每日餐後餵服，由於他當時服用的西藥頗多，於是服用中藥的劑量及時間只能減半。服用一星期中藥及湯水後，病人新的驗血報告出來，血色素、紅血球及白血球有明顯增加，炎症指數亦下降，傷口癒合情況亦大有改善，他的太太喜上眉梢。

當我再會診時碰巧他的內科主診醫生巡房，主診醫生見到我，問我是哪一位。我客氣地說是病者的朋友，主診醫生巡房後便走了，我逗留多半小時離去。之後病人太太致電我們，說主診醫生跟她說：「你千祈唔好畀中藥你先生食，我認得出頭先嗰位係中醫師！」我聽後深感光榮，竟然有專科西醫認出小弟。病人太太左右為難，決定暫停中藥，我亦沒有反對及不歡喜，反正香港現實情況就是這樣。

如果病人情況理想將會在五月中回家休養，他的太太亦希望我可以再到他居所會診，協助他的康復療程。

**後續**

許多香港人口說甚麼中西醫結合，其實我本人並不看好，至少現在時機並不適合。但姑勿論如何，只要中西醫各盡本分照顧好病人，結合與否都只是口號，病者的得益才是依歸。祝願這位病者盡快康復！

# 類風濕關節炎

故事發生於二〇二二年六月份，一位三十五歲女士，約三個月前開始感覺雙掌手指關節麻痹疼痛難伸，早上尤甚。於是到瑪嘉烈醫院普通科門求診，經多番檢查包括抽血和照X光等等，確診為類風濕關節炎，轉介血液免疫專科，排期至二三年年中複診，院方處方了消炎止痛藥，著病者有需要時服用。病人服藥後情況未見好轉，考慮離複診日期頗遠，似乎別無他選，經朋友介紹下她到我診所求診。

初次見到病者，身形略胖，但不算嚴重，求診時自汗情況很嚴重，舌苔黃伴齒痕亦深。雙手掌中指及無名指第二指關節膚色頗紅，檢查時有明顯壓痛、腫脹及灼熱感，病人訴說早上起來手指幾乎完全不能活動達二十分鐘之久，亦伴疼痛。幸好所有指關節未有變形，其他關節暫未受累發病。

初步我很同意醫院醫生的診斷，應該是類風濕關節炎。但專科排期達一年，病人服食消炎止痛藥亦未見效果，如此把病情拖延下去，恐怕關節會變形並累及其他關節。

類風濕關節炎是自身免疫性疾病，病因不明，統計發現，三十至五十歲為此病高發期，女性發病的機率較男性高約三倍，可能與基因、環境因素、內分泌及情緒有關。這個病是身體免疫系統失去平衡，攻擊自身關節，造成關節炎症、發熱、腫脹及疼痛。僵硬和疼痛往往於休息後更為嚴重，早晨亦可能會出現僵硬症狀，稱之為「晨僵」。而受累關節亦多呈對稱性，該關節囊會因炎症而增厚，通常亦會影響到骨頭及軟骨。關節因為炎症，可以引致變形，嚴重時會失去活動能力。

西醫治療類風濕關節炎，通常會使用止痛劑、類固醇、非類固醇類消炎止痛藥來緩解症狀，如情況嚴重時，會考慮使用副作用較大的抗風濕藥物。

中醫診斷類風濕關節炎為痺症，病因以風寒濕熱為主，治法會隨證而變。是次病人，我診斷為濕熱夾集，我選取了白虎加桂枝湯為主方，處方之中的生石膏、四性屬大寒，此藥對於很多自身炎症的疾病，如濕疹、紅斑狼瘡、類風濕關節炎等，都有很大紓緩症狀的療效。

這位女病人最初見到石膏，知道是大寒，就有些煞有介事地使用，但服用後症狀得紓緩，我就對她說：「熱者寒之！大寒嘅藥，係畀大熱嘅人食！」

經過差不多九個月的治療，期間因為感染新冠肺炎停藥兩個月，一路上病情持續受控，關節疼痛紅腫消退，晨僵情況亦有明顯改善。

**後續**

病者最近五月份到政府醫院複診，驗血報告顯示類風濕因子及發炎指數已經降至正常水平，只等待六月份專科複診。病人現在起居生活已經沒有太大影響，關節亦未見有進一步變形惡化情況。

# 流感中藥治新冠

二〇二三年五月份，一個星期六早上，一位女士早上求診，她是老病號，今次求診目的是因為咳嗽。由於近期新冠疫情突然嚴峻，加上正值流感高峰期，診所對於衛生防護工作有所提升，每位病人必須安排量體溫、佩戴口罩及酒精搓手方可進入診所範圍。

病人進入診室後，我慣常地查問她今天有否做過新冠病毒快速檢測？她回答說：「有做！陰性！」於是我便繼續我的四診工作。女士體溫正常，她說昨晚開始有點怕冷、黃痰咳嗽、有鼻水鼻塞症狀，其他大致正常，而她脈象有點浮數。初步診斷有點像流行性感冒，但礙於沒有做快速流感測試，所以並不確定。但中醫的特點就是並不需要確定是流感或是新冠，中醫要的是「辨證論治」，病人現在的診斷是風熱表證。要用八法中的汗法，通過發汗解表、宣肺散邪的方法，使在衛表六淫之邪隨汗而解的一種治法，早在醫聖張仲景的《傷寒雜病論》已有記載。六淫分別是指風、寒、暑、濕、燥、火之邪。由於病情有寒熱之分，故此汗法亦有辛溫、辛涼的區別。

我選取了銀翹散加清瘟敗毒飲，方中有石膏、黃連、水牛角、金銀花、連翹等解表清熱藥，再加了些化痰止咳的藥如竹茹、膽南星、浙貝母、苦杏仁、枇杷葉、百部、紫菀等，先開四服，交託藥廠代煎送付，著她該晚要開始服藥，先觀察幾天再複診。

第二天早上，公司手提電話收到一段應該是該病人的訊息，她說今天早上新冠病毒快速檢測，結果為「陽性」，詢問昨天處方的中藥是否適應她的新病情。我檢視了她昨日的處方及查問過她今早的最新病情，確定處方很對應她的情況。於是吩咐她可以安心繼續食藥，好好休息。

星期二的早上，這名病人又致電我們，想安排早上盡快網上視診。我當時心想，也許病情反覆，病人留家自我隔離，所以要求網上視診。當電話接通，透過屏幕我見到病者身處好像一個社區會堂的地方，於是我向她求證，原來她說今天早上新冠病毒快速檢測已經呈陰性，大部份症狀已經消退，現在已經上班工作，是次複診想徹底根治。於是診證後我又開了四服中藥，著她有需要才複診。

後續

中醫醫治感冒、流感、新冠肺炎三種不同疾病時，縱使未有現代化檢測的協助，但憑著二千多年的臨床經驗，一套自古相傳的獨有方法「辨證論治」，就可以有效地為病人處方。這個病案帶給我兩個很鼓舞的訊息，再次確定中醫藥的價值。

一、中醫中藥不單只用於所謂調理，對於一些急性疾病，治療效果顯著。

二、其實沒有所謂醫治感冒、流行性感冒或是新冠肺炎的中藥。縱使是新冠肺炎感染，只要辨證準確用藥及時，痊癒時間亦可以相當迅速。

# 第2章

# 婦科篇

# 孕婦出疹

一名我認識多年的女性朋友，有天致電找我，說因為剛剛出院，希望我能去看看她，並且開些中藥幫幫她。原來她早幾天因為出疹，入住了東區尤德醫院的隔離病房數天。住院期間，基本上沒有得到甚麼治療，只有保護性隔離及給她服用撲熱息痛。

在她家附近一家咖啡店見面，她說出院時院方除了 paracetamol 外沒有處方任何藥物，但現時喉嚨非常之痛，連吞口水都似刀割般疼痛得要命。看這病徵，我初步推斷她是急性扁桃腺炎，應該與之前出疹有關。

當然醫院沒有處方任何藥物，是因為她當時已經懷孕十八周，大部分醫生都不敢貿然開藥。而出疹一般可以是由於病毒或細菌性感染引致。如病毒感染，病毒有可能穿過胎盤屏障，對胎兒發育可能有影響，甚至引致殘障，所以如果處方任何藥物，最後胎兒有甚麼問題，那就不能定斷是由於出疹還是藥物引致，所以大部分醫生為安全計，都不願意開藥。

當時我這位朋友真的非常辛苦，連吞口水都痛得要命，極力要求我開藥給她。我陷於兩難局面，一方面是之前所述，如果用藥，對胎兒出生後如有甚麼問題都會歸咎於用藥；但另一方面，這個是已相交十多年的朋友，不忍心看著她受苦而袖手旁觀。於是經過反覆思量，最後我選擇了用藥，但我開的不是口服中藥，而是開了用於漱口的中藥。雖然中藥的味道比較苦，她還是堅持漱了。一天後扁桃腺發炎的咽痛情況已明顯地改善，可以如常進食，最後再漱口兩三天後便完全康復。

以上案例看到中藥醫治急性扁桃腺炎這類由於病毒引起的炎症確實有明顯功效。如果西藥方面，屬於細菌性的，可能使用抗生素較中藥好，但對付病毒性感染方面的，西藥的果效不是太顯著。其實中藥應用不只是單單用於調理補益，對於一些急性的疾病，如果中藥運用得宜，效果仍是相當顯著的。

幾年過去了，偶然在街上碰到這朋友，她會開玩笑說當年懷孕之時因為用了你的中藥，所以我這兒子特別頑皮，然後大家都相視而笑。

後續

急性扁桃腺炎治療，本人經常參考一條古方「普濟消毒飲」，功用清熱解毒、疏風散邪。此方古代醫治大頭瘟一病，惡寒發熱，頭面紅腫，目不能開，咽喉不利，舌燥口渴苔黃，脈浮數。現代醫學急性腮腺炎正與此大頭瘟相近，後來我發現頭面部包括咽喉急性感染，不管是細菌感染或是病毒感染，臨床使用此方均有顯著效果。

# 子宮肌瘤的故事

事發在數年前，當時我任職的診所有體檢服務，這病人是診所的客人。這位女士四十一歲，來到體檢公司要求做兩項檢查，包括抽血和盆腔超聲波檢查。一般的體檢報告都是直接交回病人，病人再交給他的主診醫生跟進。當日我正當值，體檢部門的同事問我有沒有時間跟這病人談一談，初步講解她的報告及情況。我看了兩眼她的報告後便說請她進來吧。

她開門進來，我第一眼看到她的感覺，就極像很久以前在醫院裏嚴重貧血的病人，她的臉色白得像紙一樣。我手上拿著她兩份報告，一份是全血圖（complete blood picture），另一份是盆腔超聲波檢查。她的全血圖上顯示的血色素是正常同齡人的四分之一，即血色素大約是三度，而紅血球是一度多。以往我還在醫院工作的時候，如果遇到這類病人，必定馬上預備幫她輸血。

當她坐下來，我便問：「你身體有甚麼不適？你知不知道你有嚴重貧血嗎？」其實當時我已經心裏有數，因為她另一份盆腔超聲波報告顯示她子宮內有一個約十八厘米（差不多女士前臂的長度）的子宮肌瘤，相信她可能有嚴重崩漏，引致重度貧血。我問她是這情況嗎？她說完全正確，於是她開始娓娓道出她的故事。

原來這事已困擾她一年多，她一直沒有求醫，她的丈夫更因此拋棄了她。我開始同情她，我了解或許這崩漏會防礙夫婦之間的生活，但為甚麼她不去求醫呢？他的丈夫為甚麼沒有支持太太的病呢？結果她說她身邊相熟的朋友說她是撞邪，帶她求神問卜，直至最近她真的察覺身體有問題，才主動做身體檢查求醫。

於是我便問她住哪一區，她說觀塘區。我凝重地跟她說：「請你回家後執拾一些生活物品，帶著這份報告去聯合醫院急症室便可以。」我千叮萬囑她離開診所後不要跟任何人講電話，要直接去聯合醫院急症室，只能聽急症室醫生及護士的話。因我當時很擔心她又問朋友之後得出甚麼奇怪答案而耽誤病情。

## 後續

這位女士因為不是我的病人，所以結果如何我不清楚。我只希望她能正視她的病情而做適當的治療。我個人並不排除任何宗教或求神問卜能醫病，亦相信這世上確實有很多不能醫治的疾病，最後是靠宗教治好的。好像《聖經》也有很多治病的故事，德蘭修女也有治病的神蹟，我絕對相信宗教能治病。但我只想說有病是應該先從科學方面著手，尋求適當的治療才是根本，在此亦衷心希望這位女士能夠早日痊癒。

中醫藥亦有醫治血崩的方法，當然首先要辨證論治，其中很常用到炭類中藥止血，如藕節炭、地榆炭、山楂炭等，藥材一般用大火炒至變炭入藥。其中一種血餘炭的中藥，就是用健康人的頭髮暗煅變炭後入藥，依我臨床所見，炭類中藥止血亦有一定效果。

# 醫月經頭痛變成孕

大約四年前，一位女病人帶她未來奶奶來看病，病因是這位未來奶奶每次月經來時都覺得非常頭痛。當時我看了這個病人，發現她的嘴唇非常暗紫色，我便問她：「有沒有抽煙飲酒的習慣？」她說有抽煙的習慣。我當時便診斷她是經行頭痛血瘀證。

中醫談論痛症有兩大範疇，一是不通則痛，二為不榮則痛。「不通」是指血氣不通暢，包括氣滯血瘀、水濕痰飲、氣血不通暢之類。「不榮」是不夠繁榮，即血氣不足。由於她身形較肥胖，痰濕較重，所以我當時斷證是不通的頭痛，於是開了些去痰濕和通氣血的藥。

因病人居住得比較遠，而且她自己不懂得怎樣前往我的診所，要靠其他人開車送她來，所以我便開了兩星期多的藥給她，每天服一碗。

病人下個月來複診，表示好了很多，今個月來經時已沒有頭痛。我便恭喜她，並且再開藥。我又再開了兩星期多的藥，並叮囑她要少吃生冷食物及盡量減少抽煙，她拿了藥後沒有再回來了。我心想她應該痊癒了，所以不用再回來複診，好事。

但原來事情並非這樣簡單，她過了三個月後又再回來找我，可是今次看的不是頭痛，而是人工流產後的調理。為甚麼會這樣呢？她說她的小女兒已經十多歲，之後一直在沒有任何避孕措施下，都未見再懷孕。她服了我開的藥兩個月後竟然意外懷孕。她說：「生了小女兒後一直不能再懷孕，奇怪地服了梁醫師的藥後竟然能夠懷孕。」他丈夫還開玩笑地說：「你醫師開的藥真厲害！」

我繼續跟進她的病情，根據她的體質，開了活血、祛瘀、化痰的中藥，後來她的頭痛再沒有出現。

**後續**

我不能說吃了中藥便能夠懷孕，但服中藥後使體質改善，例如令到輸卵管通暢便能懷孕，這絕對有可能。當時她只是想醫頭痛，但用的藥令她懷孕。同樣地在中醫辨證論治，如果有不孕的女士想懷孕，可能都會開相類似的藥，這叫異病同治，這是中醫最有特色最有趣的治療方法。最後我都覺得有點可惜，很多時想懷孕的人，用盡千方百計都未能償願，而這病人不是想要BB的，卻懷孕了，這是上天最喜歡作弄人的地方。她終止懷孕都未嘗不是好事，畢竟她也快當奶奶，可見年紀不輕。如果真的要生產，可真是高齡產婦，生育時有一定危險，BB亦容易有其他先天性疾病。

**活血通絡止頭痛常用中藥包括：**

桃仁、紅花、丹參、赤芍、銀杏葉、石菖蒲、白芷、川芎、蔓荊子等。

# 經間期出血，補氣可止血

一名三十三歲女子，她一向有經間期出血的問題，即是在兩次月經之間有小量出血。她曾經兩次懷孕，但不幸地兩次胎兒都因基因問題要人工流產。故此她對懷孕有很大壓力，但同時又很希望有自己的孩子。由於兩次胎兒都有基因問題，因此她和她先生的情緒都很崩潰，很擔心他倆人的基因再次出現問題。

現在她倆都很戰戰兢兢，希望第三次能成功生產，所以來找我做孕前調理。可是她在等待第三次成功機會時，出現了兩次頗長時間的經間期出血，這情況是以往沒有的。

關於出血的狀況，中醫學說可以是跟「脾」有關。中醫的「脾」不是西醫說的脾臟 SPLEEN；中醫的「脾」是指一個系統，其中一個功能是統血，即是當有不正常的出血問題就可能與脾有關。

除了針對臟腑，中醫很特別的，我們還會用炭來止血。很多中藥都能造炭入藥，例如荊芥炭、山楂炭等。最特別的一種叫血餘炭，我亦未曾用過，究竟血餘炭是甚麼呢？它是人的頭髮煅燒之後的炭化物。由於血餘炭較特別，頭髮又從何來呢？所以我一直都未用過。其實用其他炭一樣可以有類似的止血功效。

第一次我用了補氣的方法，因為氣能攝血，意即把血留在它本來的血管內。

所以我開了補氣、健脾，還有炭給她服用，她服用後很快便止血。

一年後她又再有經間出血情況，這次亦頗嚴重，出血有十多日時間。她來找我，最初我同樣開一些補氣、健脾和炭幫她止血。她服用四、五天後回來複診，我發現今次沒有果效。

這藥方起不到作用，可以怎辦呢？我突然想起中醫有一句說話，舊血不去，新血不生。於是我想倒不如把她當坐月子的媽媽處理。坐月子的媽媽會有惡露，惡露是生產後的婦女殘留在子宮的瘀血，混合了胎盤碎片、胎膜、子宮蛻膜及子宮頸的分泌物等。如果媽媽身體好，惡露會自然排出體外。

我決定當她是生產完的婦女，用排惡露的方法幫她排出瘀血，開了一味生化湯。她用了生化湯後，很快排清瘀血，出血亦馬上停止了。

後續

很多時香港的婦產科醫生和助產士都叫婦女不要食生化湯，但我個人認為只要是安全地使用，在醫師指導下使用，並沒有很大風險。特別當婦女出現惡露不絕時，可以不處理嗎？這時生化湯便起到很大作用，古代女士有此症狀，同樣服用。

**生化湯《傅青主女科》：**

全當歸、川芎、桃仁、乾姜炮黑、炙甘草（黃酒、童便各半煎服）。

# 惡露不絕三個月

一位女士生產後惡露一直沒有停止，她多次回去她的婦產科複診，醫生替她做盤腔超聲波檢查卻說找不出問題，說一切很正常，令她一直很懊惱。

後來她來找我時，原來惡露已持續了三個月之久。她說每一次回去婦產科複診，醫生都只是做些基本檢查，對於惡露不絕這問題卻沒有給她任何幫助，而且專科的收費亦不便宜，所以她來問我的意見，究竟中醫中藥有沒有辦法幫助解決。

我先向她詢問她過往的基本病史、生育史、過敏史、家族病史，餵哺母乳情況等等。之後我說中醫是有藥可以嘗試的，就是本書前章節所提述過的「生化湯」。但我補充了一句：「如果你真的想嘗試服用中藥，眼前問題是你正在餵哺母乳，你吃下的中藥也會透過母乳傳給嬰兒。所以你最好先準備一下，儲備一定份量的母乳，在服用中藥期間，不要直接餵哺，只可以把儲下的母乳餵給嬰兒，以策安全。」她說要考慮及安排一下。

幾天之後，她回來再找我，表示希望試一試服食中藥。於是我辨證後開了兩帖藥給她，由於她不懂得煎藥，所以我請中藥廠為她代煎。兩帖藥共煎出有四包如湯包大小的湯劑，我跟她說一天只要服食一包，這份量是常人的一半。我說你先服四天看看效果，再觀察一下吧。結果她服了四天後，惡露真的完全排清。

後續

這女士在西醫找不到甚麼有效方法治療惡露，事情亦拖拉了好幾個月，實在不理想。在古時，婦女生產後如果惡露不止，也許都只可以服用生化湯。

這條古方很特別，有攻、有守、有補，也有止血，是一條很周詳的藥方。但用在媽媽身上也需要小心，要考慮到媽媽要哺乳和照顧嬰兒，所以用藥量不能像平常的傷風感冒藥般進取。要由低劑量開始，先觀察成效，如果痊癒就要馬上停藥，畢竟這方不是補身的藥方，要考慮母嬰健康。

這案例又一次證明生化湯的價值。

# 缺鐵性貧血

這案例是一位住在多倫多的女士，她大約四十歲，是我的中學同學。由於地域的限制，她又不是經常回港，所以我們平時都是透過軟件通訊。就在早兩年，閒聊間她說她在多倫多發現有貧血，她便問我有甚麼中藥可用來改善貧血。我當時便隨即詢問她一些平日的生活習慣，我問她有沒有偏食，她說沒有。

我想在此講解一下貧血和飲食習慣是有莫大關係的，例如茹素的人是很容易貧血的。我有很多病人，如果是茹素的話，容易貧血，其中以長者為甚。當然如果閣下是因為宗教原因而茹素，我是絕不會反對；但如果不是宗教關係，我就不贊成純素食，因為有些營養始終是素食不能提供。

這位女同學她不是茹素，我再問她是不是很喜歡喝咖啡，她說是。我可以形容她是熱愛咖啡（Coffee Lover），每天要喝上三至四杯。既然她每天喝這麼多咖啡，我斷定她是缺鐵性貧血（Iron deficiency aneima），她說「BINGO」。原因很簡單，因為飲用太多咖啡會令胃黏膜不能吸收鐵質，所以縱使她沒有偏食，她吸收鐵質的能力也比一般人差。而鐵質是製造血紅素的主要元素，血紅素存於紅血球內，如果缺鐵，可能製造不了紅血球，或者體積越造越小。如果把缺鐵性貧血的朋友做一幅全血圖，結果會跟患地中海貧血的全血圖差不多。即紅血球體積偏小，血色素數量都偏少。地中海貧血的朋友很多時在以上的情況下紅血球數目會比正常多；缺鐵性貧血就會紅血球體積偏小，紅血球和血色素數量都相應偏少。

缺鐵性貧血在中醫學上有治療方法嗎？答案是有的。首先病人要少喝咖啡，其次是補充鐵質。如要在短時間內提升鐵質，最理想是服用鐵水。一般服食鐵丸都可以，雖然鐵丸較便宜，但有些人食鐵丸後會容易出現便秘情況，所以服用鐵丸不是最好的選擇。鐵水的味道雖然不好，但如要把鐵的數字由四提升至十四，就算一個月不停吃A5和牛亦不能達標，飲鐵水還是較有效的辦法。

中醫藥方面也有補血的，例如四物湯和八珍湯，我有很多病人服用補血的藥方後，短時間內的血色素和紅血球都有明顯改善。這些藥方不像西醫的直接輸血，但它能激活骨髓的造血功能，更快製造更多紅血球。

這位同學有按照我的方法，戒咖啡，又去唐人街配了我開的藥方服用。她說效果很顯著，服用三帖藥後，明顯看到臉色紅潤了，人亦精神了。後來再去驗血，紅血球和血色素都回復正常。

**後續**

很多時我們患病，特別是功能性的病，就像以上的例子，她骨髓沒有問題，只是造血功能差；只要配合適當的起居飲食，再輔以中藥，很快便能痊癒。

**常用補血中藥方包括：**

四物湯（熟地黃、當歸、白芍、川芎）亦可加上紅棗、阿膠、雞血藤等。

# 長期服避孕藥的副作用

故事發生在二〇一八年中，一位三十二歲女士，將在年底于歸，更打算明年有自己的小寶寶，於是前來求診調理。

當我第一眼看到她時，發現臉上長出比較多青春痘，人亦有點浮腫，除此以外似乎沒有其他特別。查問她本身有沒有甚麼長期病病史，屬於健康類型的人，但再問她的月經史時，似乎棘手問題出現了。原來她過往連續十年有服食避孕藥的習慣，服食期間月經準時，量亦適中。但四個月前，這位女士開始自行停服避孕藥，月經便開始非常紊亂，一直未有來經，而臉上的青春痘及身體浮腫亦從那天起出現。

大部份人服食現時低劑量的避孕藥，一般都很安全。只要停藥很快月經亦會正常，可以懷孕亦不會影響生育能力。但有些人可能因為服食時間比較長，身體出現依賴性，導致自身製造雌激素的能力下降，因而出現月經紊亂、皮脂分泌異常，長出痤瘡及身體浮腫等症狀，坊間經常俗稱為「內分泌功能失調」。

在問診時，我刻意問她最近睡眠質素如何？會否覺得潮熱？出汗或盜汗？她回答：「瞓得好差，出汗發熱兩者都有。」舌色絳紅而脈細數，她的症狀就像女士更年期前後綜合徵，與中醫的腎陰虛證不謀而合。其實中醫系統的腎陰功能，跟西方醫學的內分泌系統有點相近，當中包括腦垂體分泌、甲狀腺素、生長激素、雌激素及雄激素等等。很多時候這些內分泌失調時，中醫的診斷往往與腎陰虛有着一定的關係。所以我決定治療方向以滋補腎陰為主，附以清虛熱，以消痤瘡。

我選了「知柏地黃丸」為主方，加上女貞子、墨旱蓮、阿膠、龜板等，著她先服藥一星期再複診。我更叮囑她去日本百貨超市小食部，購買一種「糖漬黑豆」，此黑豆已經煮熟，再以蜜糖浸漬，回家黑豆要放雪櫃，每次打開雪櫃時見到黑豆就食五至六粒，味道亦算可口。中醫理論黑色入腎，很多黑色的食物均有補腎效果，如黑豆、黑芝麻等。黑豆比起黃豆更有維生素A效力，依我經驗對於痤瘡有一定幫助，另外黑豆的豆酮成份有助人體製造雌激素。

一星期後她回來複診，臉上痤瘡已有改善，沒有新增，浮腫亦見減退，睡眠情況也有改善，但月經仍未再來。於是今次處方我加了點活血通經藥物，包括桃仁、紅花、王不留行、通草等。另外我亦建議病人去進食兩三次雪蛤膏甜品，根據《中華人民共和國藥典》一九九五年版有以下記載：「雪蛤膏為蛙科動物中國林蛙，雌蛙的輸卵管經採制乾燥而得。功效補腎益精、養陰潤肺。用於身體虛弱，病後失調，精神不足，心悸失眠，盜汗不止，癆嗽咳血。」

一個星期後她再回來複診，好消息來了，她的月經再來，雖然月經量比過往多，但還可接受，總比沒有得來好。如是者繼續服食中藥、黑豆和雪蛤膏，年底出嫁之時，幸好趕得上把皮膚及月經問題都處理好。

後續

在此奉勸所有女士，在家庭計劃避孕問題上，一定要請教你的家庭醫生或婦產科醫生，切勿胡亂服食避孕藥。如服食不當可能會對身體產生不良影響甚或得不到避孕效果，這類荷爾蒙藥物，亦不建議長期服用。

# 不孕與腦生瘤

大約六年前，一對夫婦經廟街一間相熟店舖的老闆娘介紹來求診。

夫婦嘗試生育多年，未有成果，懷孕前的檢查沒有甚麼異常，男士精子數量足夠，質量亦好，而女士子宮和卵巢發育正常，先生年齡未過四十歲，太太年齡亦未過三十七歲，雙方平素身體健康，只是女方身體略為怕冷。另外因為家庭經營飲食業務，作息時間頗為顛倒。

經過仔細查問，女士月經周期尚算正常穩定，期量色質亦算正常。

我先教導她每天早上起床第一時間，要仔細量度基礎體溫並且記錄，方便我下次評估分析她的排卵周期。當然還有在辨證論治下，開了些促進排卵的中藥給她，靜觀其變。

如是者服食中藥兩個月，太太的身體情況確實好了，丈夫亦有配合周期，但一直未見成孕。有一次求診時候，太太跟我說，她會不時反覆頭痛，已經持續多年，但找不到原因，自行服食止痛藥後略見好轉。我腦袋突然靈機一觸，於是建議她去化驗所檢查一次生育荷爾蒙，其中要包括催乳激素（Prolactin）。催乳激素由腦垂體前葉分泌，主要促進乳腺發育，刺激並維持泌乳作用。

檢查結果顯示她的催乳激素果然如我預料地升高，於是我開始懷疑她的腦垂體會否有點問題，於是我轉介病人去求診一位腦神經科韓醫生，作詳細跟進。韓醫生先安排病人做了一次腦部的電腦掃描檢查，結果發現腦垂體附近有一粒小腫瘤，位置頗接近視神經區，這相信就是病人長期頭痛的原因。此外，催乳激素升高亦會令受孕胚胎難於着床。

幸好腫瘤體積未算太大，韓醫生說可以嘗試口服藥物治療，但服藥期間不適宜懷孕。於是病人回來複診時特意徵詢我的意見，我建議她先控制好腫瘤，因為如果體積再大壓到其他神經時就不是小問題了。

經過差不多一年時間藥物治療，太太的催乳激素指數已經回復至正常水平，頭痛亦不再，顱內腫瘤亦縮小了不少。於是病人停服西藥，改服一些促進排卵的中藥，三個月後病人就成功懷孕，後來誕下健康寶寶。

後續

多得現代醫學檢測及影像學的進步，否則這位病人不管是懷孕或是頭痛都未必可以根治。西方醫學着實有不少地方值得我們中醫好好學習。

**中藥用於促進排卵，包括：**

桑椹子、王不留行、路路通、皂角刺等。

# 第3章

# 皮膚篇

# 真濕疹，假濕疹

大約六年前，一名大約四十歲的男士來求醫，是他妹妹介紹來的，而他妹妹是我診所護士的朋友。他進入診所時剛好我看到他，他的身材高大魁梧，穿著短衫褲，遠遠望去，看到他的臉和手腳都赤紅色和脫皮，好像以前在醫院看過的燒傷病人。進入診症室後我開始了解他的病情，他說他五年前開始有濕疹（很多西醫對皮膚問題的泛稱），一直有看醫生，西藥可以改善少許皮膚問題，但病情非常反覆。我遂問他五年前有否甚麼特別事情發生，例如搬家、寫字樓、結婚或失戀之類？他說有搬過家，我再問他新居乾淨與否，我的意思不是有沒有甚麼鬼怪事，我只想知衛生程度，會不會對著煙囪或酒樓食店，但他一一否定。

我心想這個病人很大機會不是患上濕疹，因為濕疹一般在小兒時好發，很少會在三四十歲才有的，當然並非絕無可能，但很罕見。雖然我覺得不是濕疹，但我沒有說出來。因為皮膚有問題的人，無論看中西醫，醫生都很愛說是濕疹，皆因病人容易接受，病人接受了事情便好辦，因為知道沒有特效藥和病情會反覆。看西醫大都服用和塗類固醇，看中醫就服用清熱解毒中藥。最後我開了藥方，病人選擇自己配藥煎服。

過了幾天，我透過護士打聽這個病人的情況，病人跟他妹妹說他痊癒了。我覺得很奇怪，怎麼可能用了幾天藥便能痊癒，我也不以為然。直到一星期後他來複診，我看到他的情況的確有好轉，頭和臉都好了，手腳還有一些，但他已很高興；再過一個星期他回來複診，情況再好些。我心想，他一定不是濕疹，因為濕疹很難在這麼短時間內痊癒。他又問我可不可以吃牛肉，我說如果你以前對牛沒有過敏的話你可以吃。他當天便喜孜孜的吃了牛肉火鍋。

如是者，他一天比一天好轉，但奇怪的地方是他痊癒的都是在衣服外露的地方，衣服遮蓋到的地方還是有紅疹。又再過一星期，又有好轉，但衣服遮蓋的地方還是依舊。我又再問他的家居清潔問題，他堅持說清潔。我終於忍不住，著護士向他妹妹打聽一下他居住的地方環境情況。原來他搬進新居五年，搬家時的紙盒還有些未拆開，很多東西還未執拾，東西隨處亂放。後來複診時，我問他的衣服是不是晾在室內，他說是，我更確定他是對家中的一些東西過敏。

為徹底解決他的問題，我請護士找他妹妹幫忙，到他家中做一次大清潔，並把所有紙盒拆掉，清除所有塵蟎。果然大清潔後，他再服兩次藥便完全痊癒。

後續

原來五年前由於皮膚問題，他的皮膚潰爛，同事怕他會傳染而排斥他，最後失去工作，一直都找不到工作。現在他的皮膚痊癒了，最近更找到工作，這是最令人鼓舞的消息。我只想說，皮膚問題不一定是濕疹，很多時皮膚過敏總有原因，必須仔細找出因由，對症下藥，病人才有最大得益。

**皮膚過敏常用中藥包括：**石膏、金銀花、防風、土茯苓、魚腥草、蒲公英、甘草等等。

# 中西配合治療皮膚病

一位剛從澳洲回來的女子，在二〇二二年十一月因濕疹問題來求醫。她妹妹也有找我診治，為的都是濕疹問題。我問她這病發了多久，她說在澳洲的幾年都有，但回港後更嚴重。

濕疹或皮膚敏感在西醫角度是因為免疫系統失調，變成自己攻打自己皮膚，使皮膚出現炎症或潰爛。再加上這女子可能清潔上做得不足，使之雙手出現感染，傷口潰爛較嚴重。我診證後開了一些清熱解毒中藥外洗，還有平復免疫系統的藥。

她看了我兩次後是有好轉，但未能完全治好。她後來說想去做過敏測試，詢問我做哪一種較好。她給我看檢測的三個套餐，一個是針對食物類，例如蝦、蟹、牛肉等等；一個是針對環境的檢測，例如塵蟎、蟑螂、霉菌等等；最後一個是前兩者各佔一半的混合版。

我說你做這些測試不一定能找出致敏原，但找不到致敏原也不代表浪費，因為香港有皮膚病的人普遍喜歡戒口，而戒口亦不代表不好，但亂戒口對身體並無益處。例如你並沒有對牛肉過敏卻戒牛肉，沒有對魚過敏卻永遠不吃魚，這會窒礙營養的吸收，有礙營養均衡，所以我從來不鼓勵亂戒口的行為。

我跟她說如果檢驗的結果是對牛沒有敏感的，你可以再吃牛，對蝦沒有敏感的你可以再吃蝦，所以這測試還是有收獲的。到十二月中，她把報告帶來給我看，我才發現她對很多東西都過敏，其中較嚴重的是貓毛、塵蟎和蟹。於是我叮囑她回家後馬上清除所有塵蟎。我除了開內服藥，也開了外洗的中藥給她。到大除夕她回來覆診，我已看到她面和手的皮膚都漂亮多，脫皮和紅疹都消失了，只手部還有一點點紅，她自己也很開心。

後續

女孩子對自己的儀容很著緊，她臉上的紅疹消失後，回來複診時的喜悅和自信不言而喻。

皮膚問題要找出根本原因，找到原因後肯去配合醫生方案去做，才能藥到病除。用藥只是其中一環，如果肯改變平日的生活起居和習慣，才對病情有幫助。切記千萬不要胡亂聽別人的話，不吃這不吃那，這樣到頭來不但對病情沒幫助，反而做成飲食不均衡，影響健康。

# 玫瑰痤瘡

大概七年前，有一天隔壁的另一間診所的護士來求診，她是物理治療助護，求診的病因是玫瑰痤瘡。當天我回到診所後，姑娘便跟我說隔壁診所的好友姑娘來看玫瑰痤瘡，我聽後頓時反覆思量，因為我已很久沒有治這種病症。在香港一般患玫瑰痤瘡的人都看西醫，很少看中醫，只有在國內中醫院才有較多患上玫瑰痤瘡的病人向中醫求診。

玫瑰痤瘡基本上是免疫系統的病，有點像紅斑狼瘡。正當我還在回憶怎麼醫治玫瑰痤瘡，如何幫這病人時，病人已進來坐在我面前。這時便沒有空想的時間了，心想中醫最核心的地方是不論甚麼病都可以辨證論治，我便繼續我的四診。我問她何時開始發病，看過甚麼醫生，吃過甚麼藥，吃了西藥有沒有好轉。她說病情一直都是反反覆覆。

到了最特別的地方——視診。視診即是「望聞問切」的「望」，尤其舌診，是中醫比較有特色的。我看到她的舌苔非常白厚膩，通常厚的白舌苔都是因為寒濕和痰濕引起。但問題是一個年青女孩，為甚麼會這麼濕呢？我於是問她的日常生活習慣，赫然發現了一樣比較特別的東西。由於護士診所的老闆不想她們在診所煮食，縱使用微波爐翻熱食物，但氣味仍會散滿診所，所以診所沒有微波爐之類的用具。護士的媽媽每早都為她準備通心粉作早餐，繼而又把通心粉放進暖壺給護士帶回公司吃，如是者一年有三百天都是這樣。我覺得問題就出於此，為甚麼呢？米飯是最普遍的五穀，一般亞洲人的體質吃了都沒有大問題，而通心粉也屬五穀類，屬西方人的食糧，亞洲人每個吃後的反應都不一，有些人吃完沒特別反應，有些人吃完會覺得很濕很難消化，我認為她就是因為吃了通心粉後化濕，舌苔非常之厚。

我建議她嘗試戒口，另外我開了些平服免疫病及利水祛濕的中藥，因為玫瑰痤瘡、系統性紅斑狼瘡之類都是免疫系統失調，令到自己身體自我攻擊，故此我開的中藥就是幫助她的免疫系統平伏一點。

一星期過去，我有一天在升降機遇到她，她跟我說：「梁醫師，我的問題已改善很多了。」她給我看看，我發現真的好了不少，我叮囑她繼續吃藥和戒口，吃完所有藥下星期回來複診。再一星期後她回來複診，我發現又有很大改善。如是者，她一邊吃藥一邊戒口，大約兩個月後，她完全痊癒，不用再服藥，我很替她高興。

**後續**

每隔一兩年左右，她的玫瑰痤瘡又會復發，她又會來找我。我開一些去濕和平伏免疫系統的藥給她，她很快便痊癒。這證明她對五穀類或者濕的食物都有很大反應，每次都用去濕和平伏免疫系統的藥都能治好。

中藥治療玫瑰痤瘡，對某些人的效果是很顯著的。

# 兩次用A酸

一名大約二十六歲的女子，本來她只是陪朋友來看病。四診當中有一項是舌診，她倆進來後我替她朋友進行舌診時，她朋友把舌頭伸出來給我看，我便問她是否曾患過甚麼特別的病，因她的舌頭有一條頗深裂紋。以我的理解，一般舌頭有裂紋的病人我們都要仔細問清楚她是否有特別的病，因為病人未必懂得說出來。我已不是首次遇到舌頭有裂紋的病人不知道自己的病，或遺漏沒說出來。

這名女子聽到我說裂紋，她馬上也伸出舌頭讓我看。她舌上的裂紋很特別的，好像被人用釘書釘打過一樣，我便問她發生過甚麼事，為何會這麼嚴重。她說在中學階段她的皮膚曾出現非常嚴重的痤瘡，試過很多方法，去看皮膚專科醫生，用過很多治療方法，包括使用抗生素、荷爾蒙等等，均沒有效果。痤瘡其中關鍵之一是由痤瘡桿菌感染引致。痤瘡桿菌主要是依賴皮脂存活，如果皮脂分泌過多，細菌滋生旺盛，痤瘡就會嚴重。

最後醫生開了 Retinoic acid（A 酸）。A 酸是醫治皮膚嚴重痤瘡之症，由於當時情況嚴重，醫生便會決定用 A 酸。服用 A 酸時也有不少副作用和禁忌，例如出現高血脂、肝功能異常、致畸胎的可能性，所以女性在服用時絕對不能懷孕。由於當時這位女子未成年，要有監護人簽署服用 A 酸了解同意書。

這女子說她後來痊癒，但到了大學時期又再出現皮膚問題，全身再次長滿痤瘡。她向皮膚專科醫生求診，同樣地又再服用A酸，情況又立刻好了。但往後會否再復發，卻是未知之數。

後續

以我的理解，她不是因為食完A酸後導致舌上出現裂紋，而是因為她身體發生了兩次很嚴重的問題，因此出了嚴重痤瘡，才導致她舌上出現很深的裂紋。

一般人看到她舌上有裂紋都會嚇一跳，怎麼好端端的人會在舌上有裂紋。但從以上例子，仔細從舌診中，窺探出病人的病歷，是個很好的啟示。

這女子後來也繼續向我求醫，治療腸胃道問題和便秘，雖然她去了英國，但間中也有找我開藥。我亦建議她食點益生菌，她吃了益生菌後腸胃好了很多。希望她腸胃改善後痤瘡問題亦不再復發，否則舌上又可能多一條裂紋。

# 陰疽

有一約五十歲中年男士來找我，他臀部長了個膿瘡，有一般男士四分三個拳頭之大。這瘡膿在他身上已很多年，不斷反反覆覆，他自己會去購買一些中成藥的膏貼，使膿瘡穿潰後流膿出來。他多年來也如是，不斷復發。

我建議他不如先考慮去做手術，但他不想，他之前曾多次求診西醫，服用不少抗生素治療，症狀似乎好轉，但多年來未能完全根治。所以他今次想認真嘗試服用中醫的方法治療。他這情況在中醫上稱為「陰疽」，「陰疽」是可以理解為他本身抵抗力免疫力較差，這膿瘡其實就是他本身的熱毒內醞，加上他抵抗力差不能自我清除熱毒，所以不斷反覆發作。

我辨證思索下開了一很有名的藥方「托裏消毒飲」。這古方除了清熱解毒外，還加了一味特別的中藥北芪。北芪正名是黃芪，由於在北方內蒙古培植得比較出色，所以又名北芪。其實只單純看北芪的藥理，補氣昇陽，我們單純只飲北芪煲水，已能讓白血球數量增加和更活躍。

由於這膿瘡實在太大，這位男士差不多每天要到我診所放膿，放出的膿很臭，色綠而且像牙膏般稠。用了這托毒的方法，再加上其他清熱解毒的藥，一邊放膿一邊吃中藥，持續兩星期之後，這膿瘡基本上已平復了，但另一問題又出現，就是他開始覺得有點頭昏腦脹。由於比較長時間服用清熱解毒的藥，藥方性質比較寒涼，他的體質本身已經是虧虛，所以似乎是受不住這種寒涼藥方了。於是我著他停藥，停藥後再沒有太大問題出現。

**後續**

幾年後，他的膿瘡又再復發。這次我再次勸喻他去做手術，結果他去了聯合醫院，安排在農曆年前後做手術，因這段時間較少人願意做手術。外科醫生幫他切除乾淨後，當時醫生懷疑他是不是肛漏。肛漏是指肛門或直腸內有漏管，會不會通了去膿瘡的位置。結果是找不到答案，但總之是把膿瘡完全切除掉，之後亦一直沒有再復發。

中醫藥醫治毒膿瘡也有他的功效和特色，但效果可能是因人而異。托裏消毒飲〈萬病回春〉：黃芪、川芎、當歸、白芍、人參、白朮、皂角刺、桔梗、白芷、厚樸、金銀花。

**功用：**

益氣養血，排毒解毒。

# 糖尿病人腳癬

一位七十多歲的糖尿病人，男士，糖尿病史超過四十年，過往血糖一直控制得非常差。他的糖尿病近半年來經求診後控制得頗理想，一邊服食中藥一邊有戒口控制飲食，空腹血糖大概維持在 6-7 MMOL。他到我診所求醫之前空腹血糖一直維持在 10 MMOL 以上，醣化血色素亦達 10% 以上，沒有刻意戒口，腎功能很差。這位病人性格比較固執，求診初期一直對治療抱有懷疑態度，亦對戒口有怨言，大家在治療方案上一直未能達成共識。直到最後血糖數字有明顯改善及體重減輕頗多，形態健康很多了，才開始互相建立信任，聽從治療提意。

除了定時服食中藥外，他還有依時往瑪麗醫院糖尿科複診，最近一次複診，醫院幫他做了很多其他糖尿病相關檢查，其中包括眼底和足部。檢查結果，眼底黃斑有中度糖尿上眼症狀，而另外足部有輕微感染症狀，因為他從來沒有跟我提及過，所以我一直不知道這位病人有腳的問題，直至到院方做糖尿跟進時，護士說他的腳部有問題，說會幫他安排轉介足部專科診治。他當然說好，於是便幫他排期，這個排期一排就是半年多。

他來找我時便娓娓道來這個半年多足科的排期，他的腳有甚麼問題呢？我檢查後覺得其實是有點像香港腳，我看完他的腳部後說：「你的腳大概不太需要看專科醫生，不如我開一些浸洗的中藥給你試試治療。」陪行他的太太聽後馬上說好。於是我便開了些清熱解毒和抗過敏的藥，讓他浸洗腳部。

他在家每天早晚各浸洗一次，連續浸好幾天。一星期後他回來複診，我見到他的腳已完全康復。我跟他開玩笑說：「你的腳現在完全沒事了，如果足科排期到了你還會去嗎？」他馬上回答說：「去，付幾十元跟護士玩玩也好。」這病人真風趣，我聽後都笑了。後來他的血糖一直維持在頗正常的範圍。但可惜最近他一次單獨外出去飲茶用膳，期間不知原因發生跌撞，導致嚴重創傷及顱內出血，經緊急手術治療後，幸好算是康復，但他現在身體情況已大不如前。

**後續**

很多皮膚病根本不用看甚麼專科，我相信這個糖尿科的護士都應該知道的，但可能礙於她不能開藥，所以只能轉介他到足科。可是在病人的立場，這個轉介是很繁瑣和浪費時間。這病人需要的治療壓根兒很簡單，只用外洗，一星期便痊癒，其實中藥治療香港腳的效果也很顯著。

**治療香港腳常用中藥包括：**

菊花、金銀花、蒲公英、百花蛇舌草、紫花地丁、土茯苓、魚腥草等等。一般早晚浸洗幾天後會見到效果。但治療期間病人要注意徹底洗淨襪子，最好用消毒藥水手洗，要與其他衣服分開，避免感染其他人。

# 外籍人士食中藥

一名加拿大外籍男事，初次求診是因為肩頸痛。可能是因為自己做生意，壓力較大，而且經常用電腦而姿勢不當，我發現他的左肩頸都僵硬了。他希望來嘗試針灸，紓緩痛楚。在我替他針灸肩頸同時，發現他的雙手有很嚴重的皮炎症狀，不但表皮脫掉，而且滿佈傷口。我便問他這個情況多久，他說超過三十年，我再問他想不想試試浸洗或者服食中藥，出乎我意料，他立即答應。

他說他雙手皮炎和潰爛已超過三十年，診斷為濕疹，以往在加拿大試過很多方法，包括內服外塗類固醇，甚至嘗試使用生物製劑，但效果都不顯著。我說：「既然你都來到，不如試一試用點中藥，看看能否幫到你。」於是我開了抗過敏和消炎的藥給他服用一星期。

一星期後他的秘書電致我說想替老闆預約複診時間，原來連他秘書都目睹他的手有好轉。因為老闆的手脫皮情況很嚴重，整張寫字枱每天都滿佈了他的皮屑，所以秘書都不好意思要清潔姐姐清潔，秘書會自己親自清理。這個星期她就是發現寫字枱上的皮屑少了很多，所以推斷老闆的濕疹應該有所改善。

他回來複診時，我看到他雙手真的有好轉，我詢問他的飲食習慣，他竟然喜歡吃米線，還要是酸辣口味的一種。我便勸他改一改飲食習慣，因為酸辣食物，中醫認為是屬於肥甘厚味，且有濕熱之毒，再加上米線的碳水化合物含醣份高，會加劇傷口的炎症，勸他戒口，他欣然接受戒口，並繼續服用中藥。大約一個月的療程，逐漸看到他的手一天一天好起來。以往你看到他的手，你一定抗拒和他握手的，但今天看到他痊癒的進度，人家已經願意與他握手了。

由於他是生意人，常常要出差，這一年他飛了很多地方，其中一次他去了新加坡。在新加坡的海灘暢泳後他的雙手又再發炎，要在當地看醫生，並要服用抗生素才能回港。回港後他馬上來複診，服用中藥後濕疹又控制住了。

現在他的濕疹基本上都能控制，相比起最初已好了九成多。他現在服藥的份量已很少，是正常人一半的劑量，但我也不確定他斷藥的日子，慶幸病情能控制得令人滿意。

後續

作為一個生意人，握手都是很重要的社交。現在你看到他的手起碼不會嚇怕你，這已是一個很大的進步。他服藥已有一年多時間，雖然漫長，但當他看到有果效時，還是有恒心繼續服藥的。他也有定期到西醫處檢查肝腎功能，一切都正常。這便證明縱使較長期服食中藥，只要是控制得宜，對身體亦不見有不良影響。而針對一些慢性病，好像濕疹，只要持之以恆，也許是可以控制的。

**濕疹服用中藥包括：**

生石膏、魚腥草、土茯苓、蒲公英、桃仁等等。特別想提出，記起以往何紹奇老師提點過，凡病情已久的，適當加上活血祛瘀的藥，治療效果會顯著加強。

# 不是濕疹，而是蟲咬

大約在二〇二二年，一位女士來找我，她是一間體檢公司的經理，說自己患上濕疹，搔癢兩星期。當時我心想應該不大機會是濕疹，因為濕疹有其好發年齡，這位病人已是成年人，而且過往沒有任何濕疹過敏病史，所以應該很少機會現在才發濕疹。

她說一星期前看了西醫，塗了些抗過敏藥膏後已有些改善，但還沒有完全痊癒，所以特意來看中醫。依我肉眼所見患處，我認為這更不太可能是濕疹，所以我特意問她最近有沒有接觸過新的物質，例如新的沐浴露、洗衣粉、洗碗液等之類，她都說沒有。她的皮膚表面看到有一點點紅點，就像被蟲咬傷似的，所以我問她會不會是有甚麼昆蟲咬過。她說沒有。但我最後還是相信我的診斷，開了三天清熱解毒和抗過敏的中藥。

三天過後，她好了一點再來複診，今次她更把女兒一同帶來。她女兒很小，只有兩歲多，皮膚也有相似的問題。我一看便說這確定不是皮膚過敏問題，是蟲咬。她最初對我的話有些懷疑，但我照樣開藥給她，她服藥後也是再好一點，但未能完全痊癒。她回家後也問其丈夫，原來他也有同樣問題，這更加令我深信他們都是被蟲咬。於是我便叮囑她在家仔細搜索，最後發現在窗台有些很古怪的昆蟲。由於她女兒年紀小，不好開藥，於是我便處方中藥給她做驅蟲中藥包，放於小朋友床邊四周及窗台窗口位置。

中藥驅蟲包其實是很簡單的東西，我們中藥有五味，分別是「酸、苦、甘、辛、鹹」這些味各有特點及功用。「辛」味不是辣，辣是口感，有所不同。「辛」味有着能散風寒，行氣血，醒神的功用，更有驅蟲的效果。我配了兩服給她，著她回家後把藥包分成數小包，用絲襪及布包裹。然後把藥包掛在女兒的床邊，之後便再沒有蟲咬了，小朋友皮膚紅疹亦好了。之後太太把窗台再洗乾淨後放置驅蟲藥包，從那天起再看不到蟲咬，他們一家人身上的紅疹亦沒有出現，完全痊癒了。

**後續**

依我經驗所見，我們診證時不能單單看到皮膚表面有問題就説是濕疹，因為濕疹都有其好發年齡，我們亦要在病人的病史上找端倪。如果突然出現皮膚問題，很多時可能是敏感或其他東西誘發有關。蟲咬其實亦是很常見的，我們不要忽視，其實其他病都一樣。

**驅蟲藥包中藥包括：**

丁香、艾葉、薰衣草、紫蘇葉、藿香、石菖蒲、吳茱萸等等。

# 飲片治耳瘡

幾年前，臨近聖誕節的日子，有位女病人來找我，她耳朵前生了一粒頗大膿瘡，由於近著耳朵軟骨，她覺得非常疼痛。在來找我之前，她已在政府醫院做過一次放膿程序，但幾天後又故態復萌。

她來看我當天，情況頗為嚴重。我先用針灸針幫她，針完後都輕輕為她放膿，減輕這瘡的壓力，以減輕她的痛楚。我仍記得那天，一按她的膿瘡，內裏膿液四濺，更落到我的白大衣上，情況嚇人。

到開藥了，我先開了四天排膿清熱解毒中藥給她，請中藥廠代為煎藥，再送去給她。我個人偏向喜歡採用飲片（即草藥經過加工炮製後，可直接用於中醫臨牀的中藥），因飲片是草藥，彈性較大，只要藥廠有這藥供應我便可以處方。而且中藥有很多炮製法，例如用酒加工、用醋加工、用蜜糖加工或是炒製等等的。藥廠更可以依據處方處理到很多註腳的事項，例如先煎、後下、包煎、沖服、烊化等等，彈性很大。

她服用完四天中藥後回來複診，我看到她的膿瘡已經明顯縮小了很多，雖然耳朵已沒有痛楚，但相信還未完全痊癒，所以我建議她再服四天中藥，她說好。可是今次問題來了，由於當時接近聖誕節和冬至，她說她很忙，總是約不到收藥的時間，她便問我可不可以改為食中藥顆粒。既然她要求，我當然尊重病人決定。

我開了清熱解毒的藥，而且是大劑量，一天服兩次，每次二十克。

雖然已經開了大劑量，但我心想療效還是會打了折扣。

四天後，已過了聖誕節，她回來複診，她一見我便說有她點後悔。因為她的耳朵前面腫塊又腫起來，跟之前一樣。我說今次你還是服用飲片吧，她說好。我再開了四天藥，今次她真的完全痊癒，不用再回來複診了。

**後續**

我個人還是比較喜歡用草藥（飲片），當然藥粉和顆粒沖劑都有其優點，就是方便。但在療效上我還是覺得草藥或者我們叫飲片，功效較為顯著，更能切合病人的狀況，正如男士度身訂造禮服一樣，今年流行甚麼，你可以配襯甚麼，一律歡迎，貼身、舒服、恰當。

# 第4章

# 情志篇

# 醫情緒，治股癬

一名二十四歲女子，半年前因臀部搔癢發紅，於是求診西醫，診斷為股癬，經處方皮膚藥膏塗搽後痊癒。

大約半年左右又再復發，由於她媽媽是我的中醫課程學生，因此她媽媽建議來試試中醫治療，於是她來求診。股癬本身是皮膚問題，真菌感染，治療方法一般很直接，西醫會處方一些抗真菌藥物，中醫辨證論治後一般會處方清熱解毒藥物。經徹底治療後，尤其是青壯年免疫系統功能正常，一般短時間內很少復發。

但這位年青人，半年左右復發，我心想一定有其他原因。於是診證後發現，她原來自去年美國畢業回來後一直找不到工作，她是修讀環保技術的，當時環保工業在香港仍未普及，行業發展局限。逐漸她開始感到有壓力，而且開始晚上睡眠不好，近期更為嚴重。切診脈象甚弦，口苦咽乾。於是我相信她這次不是單純性皮膚問題，而是因為壓力所引起的免疫系統問題。而這無形的壓力是她本人都不知曉，所以她只知是皮膚問題，只從皮膚著手，卻不得要領。

其實她的問題主要是壓力導致免疫力失調或下降，我遂決定從她的情緒精神治療入手，主要處方安神解鬱的口服中藥，幫助她紓緩崩緊的情緒，在不知不覺中放鬆，繼而能夠安眠好夢。皮膚問題方面，我開了一些清熱解毒藥的外洗中藥。約一星期後，這位年青人回來覆診時已好轉了九成。她很高興有此成效，因為除了醫好股癬，更重要是她晚上開始有好的睡眠狀況。

**中醫診斷為：**

壓力導致免疫力失調或下降。

**治療方法**

**內服：**

安神解鬱的藥，讓她能安睡，放鬆心情。常用中藥包括：酸棗仁、玫瑰花、鬱金、夜交藤、合歡花、月季花、素馨花等。（依我臨床觀察，安神解鬱的藥效，在壓力源頭沒有改變下，可以令病人對壓力反應有所紓緩。）

**外洗：清熱解毒藥，常用藥包括：**

金銀花、菊花、紫花地丁、紫背天葵、百花蛇舌草、蒲公英、土茯苓等等。

後續

皮癬是由真菌引起，當人體免疫力下降，真菌就會活躍。當人的心情緊張、壓力大，真菌就會用不同方法襲擊你。所以該證的處方不是醫皮膚，而是醫心理。該女子後來找到工作，股癬也一直沒有再出現。

**弦脈脈象代表：**

肝膽病、痛症、鬱結。

# 針灸零風險

某一年盛夏季節，一名四十來歲的女病人因為肩頸痛來求診，診斷後我認為是肩頸肌肉繃緊引致疼痛。於是我建議病人嘗試針灸治療，由於當時盛夏正藉，病人穿著吊帶裙子，為怕她著涼，我特地為她蓋上被子才開始針灸。我在她左右肩頸各下了三針，過了一陣子，病人跟我說：「醫師，我想起身行吓！」我說對她說：「你還在針灸中，坐下來比較好。」但她說因為覺得心口好熱，所以想走動一下。我遂探一探她的脈象及體溫，發現當時她的心跳已超過每分鐘一百二十下左右，於是我趕緊把所有針拔出來，過了一會她的脈搏回復正常。事隔半小時後我再為她針灸，她再沒有異樣，同樣是兩邊肩髃三針，沒有使用電針，只是用傳統手法黏提轉插約半小時，期間沒有一點異樣。

是次病人對針灸的反應實是非常奇怪，其實她是我診所的老病號，之前多次求診是因為睡眠欠佳、心情抑鬱。於是我思前想後希望找出箇中原因，後來我想起了，這病人從事娛樂圈已經二十多年，年輕當紅時更是當年樂壇四大天王的MV女主角，只可惜娛樂圈總是花無百日紅，她也許接受不了時代的洗禮，長江後浪推前浪，所以需要長時間服用抗抑鬱藥和安眠藥。還記起，她當時每晚先要服用一粒安眠藥，睡眠約四小時後，醒來再服一粒安眠藥，又再睡四小時，如此奇特服食習慣已有二十多年。所以我深信由於她長期服用精神科藥物，身體對於外來刺激，如針灸等會與一般人有異，身體才會有這麼大的異常反應。

**針灸的功效：**

人體身上至少有三百六十五個穴位，並未包括阿是穴。穴位就是經絡氣血在身體表面聚集和通過的重點部位，是一個反應區域。針灸的原理則是利用刺激穴位的方式，來達到全身氣血的調節，調整體內機能，陰陽平衡，達到治療效果。施針後一般會留針大約三十分鐘左右，之後拔除。

針灸對痛症尤為有效，中醫常說「不通則痛，通則不痛」，不通是因為氣滯血瘀，針灸可以達到活血化瘀效果，從而消除痛楚。

**後續**

本人對針灸的處理都較為謹慎，我不會施針後貿然留下病人，因為如果病人對針灸的反應大，例如出現羊癇症、過敏症狀或心律過速等，後果可能不堪設想。幸好我這次施針後有陪伴觀察病人，否則我也不敢想像後果會如何。對於長期服用精神科藥物的病人，我們更加要小心，他們對於治療的反應也許異於常人，藉此借鑒。

我曾經跟我以前的一位針灸老師（尤傳香老師）分享過這病例，尤老師可算是針灸的權威，她也說這病例很有意思，亦說施針後不留下病人是很好的操作守則，大家都應該參考緊記。

# 甲亢，面癱

這案例發生在去年農曆年前，一位女病人來求診，主要問題是覺得經常發脾氣和在頸上發現有腫塊。我當時懷疑她是甲亢，因她的甲狀腺有點腫大，我遂叫她去找西醫抽血檢查甲狀腺素，同時我亦開了中藥給她。

她檢驗後發現甲狀腺素並不高，但問題是她的頸部都腫起了，中醫診斷是「癥瘕」，中藥有些「軟堅散結」鹹味的藥專治這種病。其實我心中大概知道她發生甚麼事，只是不好意思說出來。她大概在農曆年前跟她先生吵架，吵得頗為嚴重，甚至有家暴出現。當時情況挺嚴重，女士把先生打得進了醫院，住了三天。我認識這對夫婦都很久，所以這事我都很清楚，我更講笑說她應該再多打一點。發生這事後，她心情很差，甲狀腺就出現問題，並且腫了，我開藥給她服用後情況好了很多。用藥兩星期後，甲狀腺已沒有腫。

之後她複診時，我看她面色之後，對她說「你不要再勞氣了！你印堂有點發黑！」我很少跟病人說這話，但我真的看到她眉心的位置（印堂）發黑，我叫她要小心健康。

三星期後的星期天，她的先生致電我說她太太中風，問我可以怎麼辦。我還記得當時我身在理工大學上課，我叫他請太太鼓脹面部後拍照給我看。我看了幾張照片後跟他說你太太應該不是中風，而是神經面癱，但為審慎起見，你還是帶她先到醫院看看吧！於是他們便去了將軍澳醫院，太太留醫一晚，做了詳細檢查，證實不是腦中風，是神經面癱，和我估計的一樣。

之後他帶太太來找我，傳統的中醫都是針灸，可是我比較忙，沒有時間和她針灸，我便開了中藥給她。其實神經面癱大部分情況和病毒性感染很有關係，於是我開中醫所謂的「辛涼解表」藥，另外我叫她考慮吃維他命B雜，因為B雜能幫助修復神經，使神經康復得好一點。我又問醫院有沒有開類固醇給你，她說有，那就非常好。

我又陪她在外買了一種有小型電脈衝的儀器，可以使肌肉運動和抽搐，我幫她裁剪後教她應該貼哪個部位，電擊哪一條肌肉。我叮囑她每天都要電，過幾天後再拍照給我看看進度。幾天後我從照片看到她的情況有改善，我再教她電另一個位置。兩星期後，她的面癱完全康復了。現在你看她的面，她進食、飲水、表情等都完全看不出有患過神經面癱，亦沒有任何後遺症。

**治療方法：**

常用治療神經性面癱的風熱表證中藥包括：金銀花、連翹、荊芥穗、大青葉、板藍根等等。

後續

神經面癱是個很特別的病，其實我覺得中西醫結合是最有效果，越早治療對康復越好。情緒問題對任何病症絕對有重大影響，當時這位太太就因為心情不佳，在我治療她甲亢時已醞釀其他病症的出現，所以各位女士請以此為戒，心情差只會使健康更差。

# 壓力大難成孕

一位三十出頭的女士，結婚不久，很想生孩子，但一直未能成孕，她開始心急了，身邊的人也不斷問她何時生孩子，使她的壓力更大。她每次來我診所複診，都跟我說為著生孩的事很心急，心理壓力很大，我每次都勸慰她要放鬆，順其自然。其實她曾經有一次小產的病史，證明她可以受孕的，現在問題在於她壓力太大。我開玩笑說：「不如我開一張醫生紙給你，每次有人問你生孩子的事你便拿出來給他看，讓所有人不可以再問你。」

在她準備懷孕的過程中，我除了辨證論治開了些疏肝解鬱、補腎調理的中藥外，我還着她要做功課。要她購買一支水銀探熱針，要她每天早上起來立刻探熱及記錄，探測基礎體溫已確定排卵期的出現。我們一般會以月經第一日為周期的第一天，一般女士會在周期的十二至十五天可能會出現比平時體溫高約攝氏半度的情況。這段期間很可能就是排卵期，夫婦在這段時間配合，懷孕機會就大增。有些人還會在這段日子，利用排卵試紙檢測尿液，以加強準確性。另外耳探及額探的探熱針都不太建議，因為房間冷氣有可能令額頭溫度跟體內溫度相差很大。耳探程序做得不好亦會有影響。

有天早上，她發一個短訊給我，寫着「Bingo」。「Bingo」的意思是「中了」，即是她懷孕了，我要恭喜她。她問我她需要來讓我看看嗎？我說你盡可能在我下班前見見我，因我們中醫都可以出醫生的懷孕證明書，告知僱主她懷孕，而且也要教她怎樣去政府做產前預約。於是她下班後大概四點多就來到我處，我問她懷孕多久，她說一個星期。我的心馬上有點忐忑，當時有點擔心她會不會不是真的懷孕，而只是月經遲了。她說有用驗孕棒驗過是陽性的，但驗孕棒還不能確保百分之一百準確，我說最穩妥還是去驗血，你去化驗室驗一驗 **Beta HGC**（人類絨毛膜促性腺激素），這檢測能百分之一百確定你是否懷孕，並且作定量檢測。「定量」意思即是有一個量度的數字，可以用作估計懷孕的周數。她同意後，就到了我以前診所樓上的化驗所去做。

我亦同時準備好證明她懷孕的文件，明天如果報告出爐，她便有文件可用。但同時我心中還是很忐忑，擔心她的報告結果不是懷孕，她會很失望。

很幸運，第二天她的報告證明她懷孕，十個月後孩子出生了，她也把孩子的相片發給我看留念。

後續

情緒緊張對女性的生育有很大影響，這位女士縱然身體狀況良好，但長期處於壓力當中，把能否懷孕變成一種負擔，這對成孕的機會有不良影響。奉勸各位女士，如希望盡快懷孕，請放開心情。否則還是要開一些解肝鬱結的藥，先幫助情緒，才能慢慢調理你們身體預備懷孕。

**肝經主情緒病：**

足厥陰肝經，起於足大趾背（大敦穴），沿著足背內側上行，經過內踝尖前一寸處，向上行小腿內側……上行至膕內側，沿著大腿內側，進環繞陰部，上達小腹分布於脇肋……

凡肝經所經過的地方，都可以因為情緒而引起疾病，包括子宮肌瘤、月經不調、男士不育、女士不孕、乳腺增生等等。

# 疏肝解鬱醫好情緒病

很多年前，當時還沒流行現在的通訊軟件，例如 WhatsApp 之類，大家日常只是最多用短訊聯絡的年代。有一個朋友找我幫忙開藥，原因是她的一對教友夫婦不和，甚至出現家暴，男的教友脾氣很暴躁，朋友便問我可不可用中藥幫他。我思索一陣，說：「是有中藥可以幫助他的，但最重要問題是他想不想服用，倒不如你先問一問他想不想服用中藥，如他願意，我很樂意給他一些服用中藥的建議。」過了幾天，朋友跟我說他想試試中藥。

我透過朋友向這位男教友索取了一些基本的個人健康資料及病史。我當時為求加強病人服藥的適應性（compliance），所以我很記得當時處方他服用中成藥「柴胡疏肝散」。顧名思義，疏肝即是疏解肝氣鬱結，脾氣差情緒不穩定及鬱悶，中醫認為是與肝氣鬱結不能紓解有關。

柴胡疏肝散很容易買到，我著他到售賣中成藥的藥店購買，並遵照廠家的服用指示。另外，我亦建議他早上抽空到公園賞花十五分鐘，療程十四天後再跟我聯絡，跟進情況如何。於是他便去買了數瓶柴胡疏肝散，依時服藥及早上賞花，大約兩個療程。之後我再發短訊給我朋友跟進這事。朋友回覆說這位教友近況很忙，原因是星期一至六上班，星期天早上到教會崇拜，下午要陪太太踏單車。

原來他心情已經完全平伏了，和太太亦和好如初，所以星期天下午便很享受和太太一起活動的時光。

後續

本人認為「柴胡疏肝散」不會立時令他不再打太太，最大可能是在教會內有很多教友一起為這弟兄代禱，支持他。再加上我和他素未謀面，互不相識，卻肯主動予以援手，我覺得這在心靈上和信念上給予他很大的支持，使他的情緒問題得以療癒。

我當然不能說柴胡疏肝散沒有功效，但在這事情上我覺得他的痊癒很大部分是基於信念的問題，而不是藥。所以很多時我都問我的病人，特別是情緒病的病人，「你覺得看中醫能幫到你的病嗎？」如果他覺得中醫能幫到他，才來看病，否則，如果硬要他來看中醫，來了也沒有多大用處。我看過不少這樣的例子。只有病人覺得中醫能幫到他，他來求醫才能收到正面的果效。反之，只是浪費時間。

賞花解鬱結的想法，出自於《黃帝內經》四氣調神大論：「春三月，此為發陳，天地俱生，萬物以榮，夜臥早起，廣步於庭，被髮緩形，以使志生，……」

此外，中藥有很多解鬱藥都是來自花的，如玫瑰花、月季花、素馨花等，我有時開玩笑跟我的學生講，如果用玫瑰花來解鬱的用量，要用鮮品九十九支，另加一支親手後下，定可解鬱數天。

# 血濃於水，心有感應

有一名已看了我多年的八十多歲婆婆，幾年前因為她做了手術，把腹部大部份的淋巴切除，致使她下肢的淋巴循環不理想，雙腳十分腫脹，連鞋都要買大數個碼。

她來求診後，一直服用通淋巴、通血管和散結的藥，情況有改善，但都不能根治。我在她的藥開了些地龍和水蛭破血通絡一類的藥，她都不抗拒服用，因這病纏繞了她很久，而她也知道能做的不太多，所以我都是盡人事。其實她來我處求診之前已經走遍不少地方，看過不少醫生，做過小腿超聲波檢查，未見到有深層靜脈栓塞（Deep Vein Thrombosis）情況，於是處方一些去水利尿藥給她，但一直都未能有所改善。現在服食了三個月中藥，她雙腿已經消腫不少，亦已經穿回以前的球鞋，可以扶手杖走路，恢復大部份正常起居生活。

突然有一天下午，她複診後慣常喜歡和我的護士聊天，其實我也鼓勵我的護士和病人聊天，特別是長者，因為這也是治療之一，大部份長者都希望有人聽他們說一些瑣碎事，開解內心的心結。長者的快樂並不單靠金錢，心靈上的慰藉其實也非常重要。

正當她們談著談著，婆婆突然說心口感到很翳悶，她從來未試過這樣。姑娘馬上通知我，並幫她即時量血壓，當時血壓心跳沒有異常。我便著她先坐坐休息一會，於是她再坐了半小時，她說好一點了。之後我們便再幫她量血壓和脈診，覺得情況穩定才讓她離開診所。

後來我得悉婆婆當天有一件不幸的事情發生，原來婆婆當日來複診前，她的大兒子本想駕車送婆婆到診所來的，婆婆說不用了。婆婆說她住彩虹，坐港鐵去我觀塘的診所也很方便，不用大兒子麻煩接送。就在當天下午，她的大兒子突然心臟病發過身，終年四十多歲。

婆婆對於兒子過身一事很傷心很崩潰，我也特意地抽了一個星期天的早上去探望她，到她居所附近一起喝了杯奶茶，和她聊天，開解她。當時婆婆說她有些不適，我便說：「放心我回診所後再幫你開點藥，服藥後會好一些。」我開了些主要是安神解鬱和通心血管的藥，她服用後覺得心臟不適好了一點，當然心病要徹底痊癒是需要時間，一切有待時間沖淡。

## 後續

究竟婆婆的心翳和兒子過身有沒有關係呢？對這事的看法，首先我聲明我並不迷信，但我覺得人是有感應的，或者真的是血濃於水，所以婆婆對有不幸的事件發生會有感應，從而感到身體不適，並非不可能。

始終喪子之痛不是外人能理解的，媽媽和子女的連結，只有當事人才能感受到。而我能做到的只是安慰和盡能力用藥幫助她。

容我在此多言一句，希望大家有時間，可以多點關心你身邊的長者包括你的父母，共勉之！

# 尿床的故事

一位媽媽帶著十歲的兒子來求診，病因是小朋友尿床。眼見這位小朋友身材略為細小及瘦削，胃納可以，二便日間正常，舌尖紅。小朋友由小至今從沒有一晚沒有遺尿。我問他媽媽小朋友睡眠質素如何？媽媽透露兒子睡眠質數不太好，睡得不安穩，時常郁動又磨牙甚或發開口夢。我問小朋友，你睡覺會發夢嗎？他說經常。我再問他你夢中夢見甚麼啊？他說睡夢中都會發夢自己上廁所小便，結果就變成尿床。經我把脈和問診後，依我的診斷，小朋友明顯地睡不安寧，睡不沉，中醫角度就是因為有心火擾亂心神，所以睡不安寧。要先降他心火，安靜心神，再要固他的腎臟，使控制排尿。

最後我開些主要是安神的中藥來鎮靜他心神，當然加上些補腎收尿止遺的中藥。由於他年紀小，所以只吃成年人份量的一半。他吃了三日中藥後就初嘗人生第一次沒有尿床的晚上，對他媽媽來說的確是鼓舞。如是者他一直有來複診跟進，每次因應情況轉換一下藥方。如是者一個半月後，他完全沒再尿床了，只是因為他媽媽怕他會尿床所以繼續要他穿尿片。事情已經半年多了，小朋友已經停服中藥，亦沒有尿床，問題徹底解決了。

後續

原來小朋友的遺尿可用中藥改善，小朋友的遺尿與成年人的夜尿性質很不同，一般成年人的夜尿，會次數頻繁，尿量多，中醫辨證角度多為腎虛。依我個人見解，如果情況令人睡眠質素有所影響，更甚影響日間生活就，必須要正視醫治。治療方法以補腎固澀為主，常用到六味地黃丸加減女貞子、旱蓮草等，配以固澀止遺中藥，如桑螵蛸、金櫻子、海螵蛸、益智等，很多時服用中藥治療後都會有改善，尤其是較年青的病人。

如果是男性夜尿頻繁，但尿量少，排尿不暢，我會建議要先去看泌尿科排除一下是否良性前列腺增生。又或有些人不管日間或晚上，時常有急尿的感覺，但每次排尿尿量又不多，很可能是患上膀胱刺激徵，那可以試試連續幾天去行一下石卵路，每日大概十五分鐘，腳底的反射可以改善膀胱對於刺激的反應。

**安神清心火常用中藥包括：**

淡竹葉、燈芯草、酸棗仁、夜交藤、遠志、柏子仁等等，讓小朋友發夢少一點，睡得安穩一點，尿床便治好了。

# 磨牙

一名女病人因為牙骹疼痛來求診，她在找我之前已到牙醫處作很詳細的檢查，牙醫診斷她的痛楚是來自磨牙。於是開了一些肌肉鬆弛劑，使她睡得安穩些，應有幫助。女病人接受了醫治方案，情況也有改善。但是由於藥物中含有神經鬆弛劑，她不想服用太多，於是來找我幫忙。

我當時想，她的問題源於睡不好，中醫認為因為心火盛引致睡不安而磨牙，當時我覺得應開些清心火、安神和鎮靜的藥。她服用我開的中藥時已停止用西藥，期間她叫她的工人聽聽她睡時有沒有磨牙情況，服了幾天中藥，她工人已跟她說磨牙的情況大有改善，再聽不見她磨牙的聲音。於是她再服藥多一個多星期，又覺得長時間服藥不太好，她又去再找那位牙醫。牙醫作詳細檢查後便建議她做一個牙套，戴著牙套睡覺便能根治磨牙。本來這牙醫都很細心的對待她，但病人後來說了一句話可能觸動了牙醫的神經，她說：「我之前沒有吃你開的肌肉鬆弛劑，我看了中醫吃了中藥後情況有很大改善。」病人形容原本牙醫很有耐性的為她檢查，但聽了這句話後臉色一沉，很快便打發她離開。

我建議她繼續服用中藥，叮囑她若日後要找牙醫做甚麼治療或檢查，不要說吃了中藥後有改善。原因為何，牙醫是專科，治療牙齒問題，例如補牙、脫牙、植牙之類，我相信在他認知裏很難相信吃了黑色的中藥湯能醫治好牙科問題的。

**後續**

在其他地方，例如台灣，牙醫的培訓是需要修讀一個短時間的中醫，讓他明白當中的理論。我以前認識診所鄰壁的一位台灣培訓回港的牙醫蔡醫生，便對穴位和三伏天灸很了解，但在香港，牙醫培訓沒有中醫部份，所以大家都不是太理解中醫能做甚麼。

古代的人一樣有牙患，他們是如何醫治呢？中醫又是不是一定能處理到，我也不敢說。我只想說有些牙齒的問題是在古代只能應用中醫中藥治療。

**安神鎮驚清心火的中藥包括：**

酸棗仁、夜交藤、龍骨、磁石、牡蠣、石決明、淡竹葉、蓮子心等等。

# 針灸過度活躍症

這故事已是陳年往事，但現在還是歷歷在目。當年仍是學生實習階段的我，暑假時間被安排到廣東省中醫院珠海分院針灸科門診實習，有幸當時教我的老師是針灸科的主任，她臨床經驗豐富，醫術高明。記得實習期間的一個中午，我曾經見過主任伏案休息，當時她肩頸滿佈她自己的施針，針法如神。

如果你向一位針灸專科的醫師查詢，你會發現原來世間上所有疾病都可以用針灸手段治療的。只要用藥物可以治療的，就可以用針灸手段取代。針灸透過全身十四經脈的三百多個穴位調節身體陰陽，達致平衡而治療疾病。針灸手法有補有瀉，跟用藥的虛則補之，實則瀉之，源出一轍，所有都是建基於辨證論治。

由於主任享負盛名，每天不單求診的病人數量眾多，而且病種多樣，不少奇難雜症病者亦會求診主任。有一天，一名老太太帶着他的外孫前來求診，男孩約十歲左右，發育正常，對答如流，甚或可以形容為很喜歡說話。原來這位小朋友患有過度活躍症，婆婆就是想趁暑假帶他過來診治一下，希望可以改善情況。過度活躍症的主要徵狀包括過度活躍、專注力弱和行為衝動。這些徵狀會廣泛地影響患者，令他們在生活適應上出現重大問題。患病原因不明，亦可能與遺傳脆性X（Fragile X）基因有關。

當主任四診時，我當然在旁全神貫注地偷師，小朋友舌尖紅，應該有點心火。仍記得主任當時選取了心經、心包經及頭部等的穴位，包括印堂、前頂、百匯、四神聰、頭維、內關、通里、神門、三陰交、陰陵泉等穴位，而小朋友亦很合作地乖乖躺下來半小時。

小朋友每天上午準時十點過來，先找一張治療床，主任就替他施針。針灸門診病房的設計有點像香港寫字樓的間板，間板高度大約至我們胸部，方便我們觀察病人。在治療期間我們會不時巡查觀察病人的反應，而這位小朋友縱使是手腳和頭部都滿是針灸針，但仍欠嘴巴的一針，他還是不停說話。仍記得有很深刻印象的一幕，這位小朋友認真地向主任投訴我的表現，建議要扣減每月人民幣五百元的工資，原因是我不停窺看他，當他是一隻國寶熊貓般。當然最後我沒有被扣減工資，因為根本就沒有工資可扣，不停窺看的指控亦不成立，換來的是會心微笑。

## 後續

有一天小朋友複診時，主任問他，你媽媽有否讚你乖了？小朋友點點頭又支吾以對。但依我觀察，他經過一個暑假的治療後確實有點進步，情緒控制的能力高了，坐不定的情況亦很明顯地有所改善。我相信針灸治療對他起了不少作用；另一方面，一個暑假每天定時要他在針灸治療床上控制自我情緒半小時，對他絕對是挑戰，亦是很有用的練習。

# 第5章

# 雜症篇

# 田七花治黃斑病

大約二〇一六年，本人有一天醒來後，發現右眼眼前起了一片陰影，感覺好像其他人戴眼鏡時鏡片沾上霧氣一樣，可以看見影像但些微模糊不清，確實有點滋擾。

我當時有點擔心懷疑自己糖尿上眼，因為近親成員有不少患有糖尿病，包括媽媽、舅父、姑姐等等，自己算是糖尿病的高危一族，我先安排自己去抽血及驗小便以確定是否有高血糖，檢查結果一切正常，於是去找個眼科專科醫生檢查。我當時診所的樓上有位資深眼科專科林醫生，求診時他先安排滴藥把瞳孔放大，待藥力發揮後用儀器徹底檢查我眼底，斷症為黃斑點水腫及出血，開了眼藥水給我，著我一星期後複診。

我滴眼藥水一星期後去複診，林醫生再檢查後說情況沒有任何好轉。於是我向林醫生查詢是否需要處方類固醇藥物，雖然身為中醫的我，但亦了解到有些問題，在必要情況下需要使用類固醇治療，林醫生亦同意，於是我服用了類固醇一星期後再去複診。情況並未如我們所料，我亦心中有數知道絲毫沒有進展，林醫生檢查之後說建議轉介我去做眼底電腦素描，以確定眼底的問題。步出診所後，我沒有去安排電腦掃描檢查，因為我知道我要的是治療，不是檢查，其實情況我與林醫生都很清楚。既然這樣，我唯有自己嘗試醫治自己的問題。

經過仔細考慮，我認為當時我的情況不可能三兩天內康復，於是我決定為自己處方田七花，用田七花每天泡水代茶，因為田七花能清熱、平肝、降血壓和活血，應該會對情況有良好改善。於是我持續飲了幾個月，但仍未見好轉，有點想放棄，但心想，除了田七花外，我還未想到更好更簡單的方法，還是堅持吧！

到了四個月後的某一個週末，奇蹟似乎出現，當日我在東涌下課後約了一班學生到茶樓飲茶相聚時，突然感覺到眼邊有不少閃光，就像閃粉一樣閃過，持續的閃爍令我心想「天使要來接我走嗎？」當然後來未見天使蹤影。當我步出酒樓時，慢慢地眼睛模糊的地方開始退去，視線所及之處完全清晰了，視力亦已經回復正常。兩天後我再找林醫生檢查，檢查後他說「恭喜你！你眼睛已經沒有任何問題了。」事後林醫生亦沒有問我做過甚麼治療，當然我心裏明白原因。

**中醫自我診斷為：**

黃斑點水腫（雲霧移睛——氣滯血瘀證）

**治療方法：**

每天約十粒田七花泡水飲，同一杯田七花，一直加水泡到無味為止。

**田七花的功效：**

田七花性涼味甘，有清熱、平肝、降壓的功效。

後續

最近再有一次黃斑點水腫的問題，眼前又出現一個霧點。慶幸今次只持續飲了一個月田七花泡水便痊癒了。

# 蠶豆症

一位太太帶她的丈夫來求診，這位男士五十來歲，看上去很健康，很陽光的類型，不煙不酒。太太主要因為丈夫年紀不輕了，於是帶他來看中醫，了解一下有沒有甚麼特別狀況。他跟香港大部份男士一樣，不願意看醫生，通常都是女士比較注重健康和願意看醫生。

當這位男士伸出舌頭時，我看見有一條很深的裂紋。裂紋就是很深的坑紋，就像被人用鎅刀割了一刀似的。在我認知內，舌上有裂紋的病人通常都是曾經大病過，現在痊癒，或者還在生病當中。我問他有沒有生過大病，他說沒有。再細問下，他彷彿記起在三年級時他媽媽帶他看了一年中醫，說是腎虛。由於他的女兒都是我病人，他女兒有蠶豆症的，所以我高度懷疑他三年級時是蠶豆症發作。於是我再詳細和他傾談，最後結論就是他三年級時有嚴重的蠶豆症發作。

蠶豆症是遺傳病，全名葡萄糖-6-膦酸脫氫酶缺乏症，是因為身體缺乏這一種酶，現在每一位在公立或私家醫院出生的嬰兒都會透過臍帶血接受蠶豆症檢測。如果不幸患有這遺傳病，助產士會通知其母親，在往後日子照顧嬰兒時，要特別小心有些物質不能接觸。蠶豆症不是絕症，只要小心照顧一般問題不大。

他說三年級時和親戚小朋友一起在家玩捉迷藏，捉迷藏當然是四周圍躲藏，而衣櫃是最好躲的地方。他就是躲進衣櫃，接觸到樟腦，引致蠶豆症發作，形成溶血，紅血球爆破，出現貧血。當時的中醫說他腎虛，幸好到最後沒事。

香港有個怪現象，就是中醫一般很少問病人有沒有蠶豆症。其實蠶豆症是很嚴重的問題，當然在今天醫療設備下，嬰兒出生後便馬上驗臍帶血，檢查有沒有蠶豆症，所以有蠶豆症的都會被發現。

如有蠶豆症要注意些甚麼呢？不能吃蠶豆，不能接觸樟腦，包括不能嗅到。

中藥方面要避免服用，接觸及聞到金銀花、黃蓮、珍珠末、牛黃、熊膽和臘梅花。金銀花常用作清熱解毒，黃蓮瀉心火，珍珠末定驚，牛黃也是常用的藥，例如牛黃解毒片、安宮牛黃丸都有；熊膽就會用在日本的救心丹。臘梅花可以解暑清熱，但現在已經甚少使用，但我早前於界限街花墟發現有臘梅花出售，用以觀賞作用。以上都是蠶豆症的忌諱，如果有蠶豆症的朋友一定要小心，情況可大可小。

除了中藥方面，蠶豆症在西藥的忌諱更多。蠶豆症患者記得每次看醫生時要清楚告知醫生，並要知道哪些藥不能用，包括中藥和西藥。

**後續**

上文提到的患蠶豆症女生曾在英國看西醫，告知醫生她有蠶豆症，但醫生一樣開了蠶豆症患者不能吃的西藥。皆因蠶豆症在外國的病例較少，醫生的警覺性較低。所以不論看中西醫，患者都要不厭其煩地再三告知醫生，要自求多福。蠶豆症不是絕症，所以只要自己小心點，便能避免不必要的病患。

# 針灸植物人

一位五十多歲的男士，由於中風，昏迷進了醫院。他最初住在東區尤德醫院，後來轉往灣仔律敦治醫院。

我跟他的認識，是由於有些教友介紹，問我可不可以出診去醫院幫他針灸，他太太希望我能抽空去幫他針灸。病人當時已住進醫院五個多月了，我建議先讓我去律敦治醫院探望病人，了解他的情況。當時病人住在加護病房，我便請太太問一問主診醫生，如果主診醫生允許，我也不介意來針灸。她之後問過主診醫生，但不獲允許，那便沒有辦法，因為我們都要守醫院的規矩。我也開始淡忘這事了。

事隔三個月後，該位太太又再找我，說先生轉去了黃竹坑醫院，再次要求我再去探望她丈夫，希望我能和主診醫生商量，容許做針灸治療。我於是答允再去探望，亦跟主診黃醫生見面，討論病情。或許黃醫生對我們都有信心，所以答允我們在醫院做針灸。其實當時我內心已覺得針灸對他的康復作用不大，因為他昏迷已有八、九個月，但我還是答應她，因為我想幫這位太太圓了她的心願。看見她白天上班，晚上又去醫院探望先生，身心都非常辛苦，所以我希望能力可做到的，都盡一點綿力幫她。

這是我人生第一次針灸植物人，對我來說針灸中風後遺症、痛症的病人，當然是非常頻繁。但當我第一次幫他針的時候，印象很深刻的是我第一次針他的足三里穴位，一下施針他的反應非常大，好像整個人要坐起來似的，我見他反應這麼大，我馬上拔針，但見拔出的針已開始彎曲，幸虧我動作快，再加上當時我用的是韓國製的針，韌度比較高，否則針很有機會折斷。我跟太太說，他這情況不能像我們平時的針炙方法一次過針多個穴位，我只能每次一個一個穴位施針，並且要求每次要有家人在場協助。

去黃竹坑醫院的路程有點遙遠，交通又不太方便，我只能每個星期日的早上去一趟治療。我每次要駕車，並接載他太太和女兒，待教會聚會完結後一起去，每次去治療大概一小時，加上車程要兩個多小時。

當然到最後這病人，不能起死回生，但至少在他最後的幾個月，他的身體狀況可以平靜和舒適一點。

## 後續

有人說我這次是做虧本的生意，但我內心不是這想法，不是關乎虧本與否，我只覺得這樣做對病人和他太太都有幫助。每次去我都會留意病人其他狀況，例如我發現他的尿袋充滿血和沉積物，我便跟護士說聲請她處理。我再發現病人飲不夠水，我便請太太跟護士說在餵食前先給他喝水，後來又行了。聽到他有很多痰和呼吸很喘的聲音。我建議這位太太問病房護士可否經鼻胃喉餵飲一些湯水，當然我教這位太太煲了些化痰止咳的湯水給他先生，服用後一星期痰喘聲已經大有改善。情況像很平靜的睡覺，在他臨終之前中醫藥對他提供非常肯定的幫助，夫復何求。

# 切診不單是脈診

一位大約七十歲的女病人，她因胃部不適，在二〇二二年初時有朋友帶她去看西醫，當時醫生跟她診症後說如果情況許可，最好做一些跟進的檢查。病人當時不以為意，沒有再理會。直至三月時她來找我，最初只說胃部不適，有些胃氣。我把脈後發現她除了胃部問題，亦有少許貧血，但醫治方面還是先針對她的主要問題。我說有些中藥對胃的毛病很有幫助，你先吃一個星期看看效果。

一星期後她回來複診，表示胃部的不適好很多了，但上次忘記告訴我，在睡覺時感到腹部右邊有些痛楚，已經反覆一個多月了，她對痛楚這事跟我重複說了兩次。對我來說，如果病人再三重複多次的事，必定要重視。我說：「如果你不介意，可否到檢查床上躺下？讓我按一按你肚子，做一次按診檢查。」

不論病人的年齡，只要是女士，我們檢查時都要有女護士在場，還要跟護士及病人交代清楚做甚麼檢查及檢查的原因。當我一按病人的小腹，大概是盲腸位置，我的心馬上往下一沉，我摸到有一大腫塊，按壓時幸好未有返跳痛。檢查完畢後，我請她往我的診症室詳談。我告訴她腹部有一大腫塊，現在不確定是甚麼，建議她盡快安排照ＣＴ（電腦掃描）檢查，最好照一次整個腹部注射顯影劑的ＣＴ。

她第二天便去照了ＣＴ，而檢驗報告亦很快出來。由於報告用英語寫，她看不懂，隔天她便立刻把報告帶來給我看。報告寫她在盲腸附近有一明顯腫塊，放射專科醫生的評語也說這很大機會是惡性腫瘤。我建議她盡快安排手術切除腫瘤，中藥對這腫瘤的幫助不會太大，眼前應盡快切除腫瘤，再想想下一步要做甚麼。她本來都有一點猶豫，說要跟家人商量商量，但最後大概過了一星期她便做了切除手術。

她的西醫在切除手術後也有跟進一些化療及電療。過了九個月後她再來複診，我發現她不論體重還是臉色都好很多，辨證後我開了些補血補氣藥方服用作調理，大約一個月後，之前因腫瘤問題導致的貧血都消失了，現在已經一年多未見有任何復發情況。

**後續**

樂見這病人痊癒，亦希望她不會復發。

脈診在中醫是很有特色的，但切診不單單是把脈，凡用身體接觸病人的都算是切診，而我們在中醫院學過的所有體檢方法都應該要有一定的掌握，這才能對病人有最大效益，望聞問切缺一不可。

# 廿年久咳怎醫治？

這故事關於一位五十多歲的病人，她從事藝術工作多年，是香港頗有名的中國舞表演資深藝術家，求診時都已是半退休狀態，已經沒有在幕前演出，只是偶然當舞蹈比賽評判提攜後輩。

她求診是因為有慢性咳嗽，而這病已纏繞她二、三十年之久。每當她上舞台演出、當評判或是觀賞表演時，都經常不能自控地咳嗽，很多時令場面非常尷尬。

其實她第一次來求診之時，沒有仔細詳述她的咳嗽已是陳年之病，她只是輕輕說有咳嗽，而我當時亦發現她表述病情時，有明顯的氣管過敏收窄，心中已覺奇怪。後來經辨證論治後，我便直接選用醫治咳嗽的方法，同時用了些抗過敏的中藥。如果她一早跟我說是這麼慢性的咳嗽，而且有二、三十年之久，我開方時一定會瞻前顧後。

很多時候中醫會看待這些久咳久喘之證，視為肺腎兩虛，常會選用一些血肉有情之品，如梧州蛤蚧（功效：保肺益腎、納氣平喘、助陽益精）、拿曲冬蟲夏草（功效：保肺益腎，止血，化痰）、紫河車（功效：溫腎補精，益氣養血）等。這些藥材對於腎虛型的咳喘均有相當療效。但對於實證的咳喘，補法就不太適合。其實很多病本身都會有急性期及緩解期的，在治療不同的階段，採取的手段就會截然不同。一般在緩解期的時候我們會考慮以補益扶正為主；但如在急性期發作的時候，我們就會考慮以急則治其標的方法，先緩解急性症狀之後再予扶正。

很慶幸，她服用我的藥兩星期後，咳嗽明顯改善了，起初我都抱有懷疑。但據她的家人說以往和她上街時候，她會不能自控地不停咳嗽，但現在跟她上街時已經很少聽到她有咳嗽的聲音。

我很感恩，她服藥後有很大果效。這不是我了不起，因為如果我早知她有的是宿病，開方時必定有顧慮，變得保守。現在因為不知道，就直接用中醫的最傳統方法「辨證論治」，在沒有包袱下大膽地開藥，竟令她的宿病有意想不到的改善。

**後續**

中醫藥真的很特別，只要能把握辨證論治的要點，就算不知名頑固的疾病，都有機會改善。

很多時候治好病，並不敢說是我自己的功勞，而是要多謝我們祖先的慷慨。最難得的是他們肯把寶貴的經驗和知識流傳下來，這正正啟發我要把以上所有的病例記錄下來，輯印成這書，分享我的淺薄經驗。

我亦處方中藥「胖大海」，著她泡茶代水，對喉嚨搔癢有很大功效。

# 六味地黃丸醫癌症

多年前，一位日本籍病人很輾轉地被介紹來看我，當時他人在日本，甚至我開藥給他都未能與他見面。他患上全日本第二例的淚腺癌，當時有一邊眼球已被切除，他希望嘗試用漢方治療。

當年的通訊軟件還未發達，WhatsApp 也未有，我們只能用電郵通訊。我拿了他的基本資料，例如體重、基本病史、發病情況和電腦斷層掃描（CT）的報告。我收到的資料，大部份都需要懂日文的朋友幫我翻譯。

他的CT結果顯示他的腦部前額葉部位有陰影，他很擔心，問我有甚麼中藥可以幫他。基於我連他的面都未見過，很難完全掌握他的情況，所以暫時只能用些保守的治療方法。這病人當時有些中醫腎虛的徵狀，包括有腰膝痠痛及夜尿頻繁等，於是我便用了「六味地黃丸」為基礎去治療。我開完藥後，還要靠他在香港的朋友把藥配好後寄回日本。而煎藥的方法流程亦需要朋友翻譯成日文教他，他自己按時煎藥服用。他每兩星期告知我他的進展，我根據他的描述修改藥方。

如是者他服中藥大約半年時間，再到醫院複診跟進，再做CT檢查，報告顯示他前額葉的陰影消失了，即是他癌症似乎受到控制，他非常高興。當然，我也不能自誇是因為服了「六味地黃丸」藥方後痊癒。其實可能是服這藥方後，對他的身體有良性反應，激發他自身的免疫系統工作，抵抗癌細胞。

這病人後來有一次來香港公幹，他很客氣地邀請我吃飯一聚。當了他的中醫師這麼久，我連病人親身一面都未見過，實在有點講不過去，所以我便應約出席。由於我不懂日文，所以我特別邀請了一位懂日文的好朋友一起去，充當翻譯。

日本人習慣晚飯時候飲清酒，所以當晚也有清酒。我基於禮貌，幫這位病人斟了一杯，然後這病人很感性地說：「喝完這杯酒後，我的身體很快便會健康，全因這杯清酒是「醫師」親手斟給我的。」

**後續**

後來這病人沒有再跟我聯絡，我亦希望他完全痊癒，健康地生活下去。

其實很多日本人都非常相信漢方中藥，漢方即代表中國古代的藥方，依我所見因為日本沒有本地中醫藥的歷史及經驗，所以現時大家在日本見到很多在藥妝店售賣的不同漢方中成藥，會完全參考我國經典傳統藥方，不敢貿然更改內容及份量。下次大家到日本旅行不妨順路到藥妝店了解一下。

**六味地黃丸〈小兒藥證直訣〉**：

熟地黃、山藥、山茱萸（三補）、茯苓、丹皮、澤瀉（三瀉）用於滋補肝腎之陰，常用於治療慢性腎衰竭、糖尿病、高血壓、更年期綜合症等等。

# 食香蕉治疼痛

這是關於我自己的故事。早陣子可能因為太忙，不但要診症，又要教學，還要統籌這本書，連休息時間都缺乏，忙得不可開交。再加上我有偏食的習慣，認識我的朋友都知我不愛吃碳水化合物，因為怕肥胖和血糖升高，水果之類也很少吃。結果我在這段間期出現了全身性很奇怪的痛症，只要輕輕摸一摸皮膚任何部位都有很刺痛的感覺。

我在盤算怎樣醫好呢？但再想一想，其實古代也有這些病症，一樣有不明的疼痛，甚至乎有抽筋和心跳不規律等神經性症狀，古人會用到礦物類的藥去醫治。礦物類的藥物是甚麼呢？包括牡蠣、龍骨、龍齒、紫石英甚至乎磁石等，功效可以鎮驚安神。我平常醫治神經性的病，都會用這些藥。想到這時，我突然間有啟發，可巡這個方向思考用甚麼方法醫我自己。

雖然我常常開中藥，但我自己卻不願意服食中藥或西藥，不斷想能避免吃藥嗎？於是我決定用一個食療方法，就是吃香蕉。食完香蕉後，第二天已有明顯改善。我很相信今次的疼痛問題很可能是缺乏鉀等的微量元素，而缺乏這些微量元素對身體有很多複雜的影響。兩天後，我再多吃一隻香蕉，之後感覺所有疼痛都消失了。

很多時有病人來求診，如果是因為很奇怪的疼痛、抽搐、心律不齊、眼眉跳等，我除了處方中藥外，亦會建議病人服用鈣片、維他命B雜、多種維生素和高鈣奶等。服中藥再加上飲食的平衡，對消除病徵有事半功倍之效。

很多時問病人有沒有偏食，他一般都會答沒有。甚至乎有病人回答說「我太太做甚麼我都食的。」可是他沒有留意他太太有偏食，所以做出來的食物都是有偏好。所以每一個人都有偏食的生活習慣，只是多與少。

**後續**

對於要醫治有徵狀的病，很多時我們要考慮把病人的飲食習慣平衡，嘗試去理解他的飲食習慣後幫他調節。就算是西方醫學，用抽血等方法亦未必能把他缺乏的營養全數檢驗出來。但只要把缺乏的適量補充，便已有意想不到的效果。我自己就是一個很好的例子，食香蕉後疼痛馬上消失。希望有疼痛的朋友，能像我一樣食香蕉後就痊癒。

# 克羅恩病

一位四十來歲的女士，仁濟醫院已確診了她患上克羅恩病（Crohn's Disease）。克羅恩病是一種不明原因疾病，病人腸道慢性發炎，即是無明顯原因下慢性發炎和潰瘍，症狀包括腹部不適、肚痛肚瀉、明顯消瘦等，發病以男性居多，三十歲左右為高發年齡。我這位病人需要使用西藥的塞藥，否則大便會有嚴重出血情況。

她覺得既然常常要用西藥，何不嘗試用中藥治療。她遂來找我，查詢她的情況，尋找可行的中醫治療方案。因為克羅恩病很可能與自身免疫系統有關，有些中藥對抑壓自身免疫系統亦有效果，令免疫系統不要太亢奮，使它不會自己攻擊自己，從而達到消炎的效果。另外由於她有血便，所以我特意用了一種中藥「赤石脂」，主要治療大便炎症性出血。

血便的成因很多，例如大便時有鮮血，很可能是由於肛裂或痔瘡等做成；若是血已混在大便裏（即大便隱血），我們更擔心是不是腸瘜肉或其他內出血之類。克羅恩病的大便血量不算是太多，不像肛裂和痔瘡一般，但還是肉眼可見，就是腸臟不停發炎。

她服用中藥三個月後，期間停用任何西藥，醫院檢查發現她炎症因子數字降了很多，就算不塞西藥，也沒有血便出現的情況。當然沒有血便不代表克羅恩病完全痊癒，但很明顯病情已受控制，因為發炎情況改善，而血便亦有改善。

看到有效果，這病人繼續服中藥已經一年半，同時她也在醫院繼續跟進。醫院定時常規檢查肝腎功能的指數都很正常，至於醫院拿回來的西藥她只用作看門口，以備突然有嚴重血便時她就使用，她還是繼續依靠中藥控制病情。

後續

二〇二三年四月病人到我診所複診，她說早一個星期前如常到政府醫院複診，主診醫生查閱她的驗血報告後説病情十分穩定，着她繼續服食西藥。但她其實已經很久沒有服用任何西藥。我問她你打算如實告知你的主診醫生嗎？她說不會，因為她的主診醫生一直反對她服食任何中藥。現在她病情一直能控制，不用類固醇，亦不用生物製劑，而她選擇繼續服用中藥。

赤石脂，為硅酸鹽類礦石多水高嶺石，主要成份為含水硅酸鋁。主要功效澀腸止瀉，止血止帶，生肌斂瘡。

# 三十多年的胃病

一名大約六十歲的女士，從事診所護士工作超過三十多年，工作的診所屬於兒科專科，每天工作非常繁忙，飲食時間頗不定時，因此胃部經常不適。

她的老闆不時為她診症，處方些中和胃酸、胃酸抑制、促進胃部蠕動及肌肉鬆弛藥，但一直反覆未見有明顯改善。後來安排她接受腸胃的內窺鏡檢查，一切檢查正常，未找到甚麼明顯病因，她亦因此四處求醫，但病情一直反反覆覆。

直至有一天，是緣份，她來到我診所求診，因為她的病史頗長，需要花上一段時間仔細聆聽，她說她的胃部每天餐後會感到脹痛，持續一段時間，每餐如是，已經很多年了。在與她舌診之時，發現她的舌苔非常白厚膩，而且正中有一條異常深闊的裂紋，一直由舌根貫穿至舌尖。當時一刻我都不能確定她是甚麼病，但中醫有一點特點，就是中醫可以不睇病，中醫是依靠辯證論治的，既然不確定她是甚麼病，就暫且不理，依證處方就是。於是處方了一些化痰祛濕溫中健脾的中藥給她，著她先服一星期再複診看看效果。

一個星期後再見到這位女士，她向我細說了剛剛一個星期食藥的反應。剛剛開始食藥兩天後的晚上，睡覺之時，她不停感到喉嚨有痰要吐出來，足足整個晚上，她說足足用了一卷全新的廁紙。再過兩天，她正常如廁時，感覺有很多東西要排出來，但當時並沒有肚痛的感覺，她形容該次的排便量是「世紀大爆炸」，把座廁都排滿了，當時我聽後也覺得有點誇張。我在覆核之前的處方，當中並沒有大吐大瀉的成份。但她經歷這兩次奇怪的反應後，感覺胃部餐後的脹痛不適明顯地減少，雖未能徹底痊癒，但至少有所進步，於是我繼續處方用藥。如是者治療三個月，她的症狀算是受控，有一次複診期間我問她：「你小時候有冇曾經患過甚麼嚴重疾病？」她思索一下說應該沒有。依我的經驗，她那條既長而深的舌裂紋，應該一定與她過往某些嚴重疾病有關。

一個月後複診時，她告訴我，她回去問過母親自己童年的健康情況。藉此一問，她母親回憶起原來這位女士仍是嬰兒時大約九個月大左右，曾經因為嚴重腹瀉而入住瑪麗醫院嬰兒深切治療部一個月，當時主診醫生跟她的母親說要有心理準備，因為病情很嚴重未必可以救回嬰兒。幸有上天眷顧，她最終安然出院，但這件事她母親一直沒有提起，所以連病人本身都從不知道。當我得悉這個特別病史後，我建議這位女士考慮服食幾個月益生菌，雖然我不知道她嬰兒時嚴重腹瀉的原因，但有一點比較肯定，她當時一定把自身體內的菌群擾亂，現在補充一下必然有一定的幫助。她同意我的建議服食中藥及益生菌，四個月後複診時說，她終於可以感覺到肚餓，有一天下午五時許吃了一碗雲吞麵後到七時多晚飯，依然又好胃口，沒有不適的感覺，這是她人生的第一次。

自此，可以停服所有藥物。

**後續**

很多時病人的過往病史，其實有一定程度的參考價值，但礙於一般病人，對於自己的病史描述不太清晰，而看診者亦偶有忽略。就如上述病人一樣，病的原因可以是很久以前被忽略的小問題。

# 中醫治小腸氣

二〇二二年二月份的某一天早上，護士收到一個電話查詢，問如果已經確診有小腸氣，看中醫有否幫助。我吩咐護士回覆，如果時間許可，最好病人親自來一趟，讓我了解一下他的詳細情況。

小腸氣的正式醫學名稱是「疝氣」，古代中醫文獻已有記載此病，「疝氣」是泛指身體器官由正常的位置移至不正常的位置，最常見的是腹腔內的胃、大腸、小腸、女性子宮等器官，當然最嚴重的還有腦疝。而小腸氣常因腹腔壁出現了缺口而突出，形成腫塊。無論男女老幼均有可能患上此病，但由於男性腹股溝內壁較女性明顯薄弱，故男士較容易患上，因此令人誤解「疝氣」是男士獨有的疾病。長期咳嗽、便秘、產後婦女等等均容易患上此病症。而疝氣基本上不可能自行痊癒，如患者未有及時接受外科治療，情況可能惡化，甚至引致組織壞死等嚴重併發症。

幾天後病人來到我診所求診，病人是年約六十歲的男士，身材瘦削，早幾天前在政府醫院確診患上疝氣。我問他之前有否發生甚麼事？例如搬重物、做負重運動等。他回答說最近想操練胸肌，所以嘗試學做掌上壓，做不過幾十下就出事。看見他的疝氣腫塊位置，應該是「直疝」，一般與人體衰老有關，因其腹股溝附近組織變薄引致，已「疝氣」腫塊直接從此弱點突出，沒有墮入陰囊。他說腫脹部位疼痛比較明顯，就連沖涼時用花灑頭的水沖洗都會感到痛楚。病人有抽煙習慣，舌苔比較黃厚膩，唇色比較紫暗。

另外我問他有否在政府醫院跟進，他說有，排期到年底做手術。我心想似乎時間稍長，對病人情況不太理想。我再問他會否考慮在私家醫院盡快做手術，他說：「沒有閒錢，唯有繼續等待政府醫院的排期。」

很多人會認為既然外科手術似乎是唯一解決方法，那麼看中醫有甚麼功用呢？首先我向病人提出了幾項生活的重要注意事項：

1. 不可以再舉重物；
2. 減少抽煙，注意保暖，避免咳嗽，咳嗽也要按壓患處；
3. 要多吃蔬果，保持腸道健康暢順，避免便秘；
4. 期間如感覺疼痛厲害、發高燒，必須立即到急症室求診。

另外我處方了一些行氣活血、祛濕清熱、潤腸通便的中藥給他。服用三帖中藥後，患處已經再沒疼痛，生活如常。

後續

直到最近（二〇二三年五月），病人再次求診，這次求診原因是右後肩部長了一個大膿瘡，我診證之前關心他去年底小腸氣手術的情況，他竟然回答說：「無做到手術！」，我感到十分詫異，追問這件事的來由。原來他去年底十二月到政府醫院複診，在手術前門診，當值醫生再次為他檢查「疝氣」部位時疑惑地說：「你冇小腸氣喎！」，於是在邀請另一位醫生檢查，答案都是一樣。於是病人為了安心，特意到了私家檢驗所做了一次腹部超聲波檢查，同樣未有發現小腸氣的情況。

後來經我查問下，原來病人因為服用了我的第一次處方，感覺非常良好，故此縱使未有時間複診，亦不時自行服用該處方，奇蹟地疝氣消失了。

# 安宮治中風

二〇一五年六月份，一位鄰居的家姐前來求診，我認識她一家人已經多年，這位姐姐的丈夫早年前曾經中風，當時大約四十多歲，十分年青，我亦有到醫院探望這位先生，CT檢查右腦出血性中風，左側半身活動不靈。但不得不佩服這位先生，他在住院期間已經努力進行治療鍛鍊，康復進度理想，多年來未再見有中風跡象。中風後病者亦提早退休，現在行動自如，語言清晰，起居生活一如常人。

不幸地這位姐姐的母親亦於五年前中風，她母親年紀比較大，萬幸地康復亦比其他中風患者好很多，只是起居生活略為受限。一位是母親另一位是枕邊人，同樣遇上中風，確實令這位姐姐心理壓力大增，於是姐姐聽了朋友介紹，買了「安宮牛黃丸」，放在家裏以備不時之需。

由於香港註冊中成藥規定，需要列明有效日期，姐姐的安宮牛黃丸已經擺放多年，近日快將到期，於是為免浪費便與先生「Happy Share」，我心想大概不會用刀叉像切牛扒一樣，一人一口吧！

多得這粒快將到期的安宮牛黃丸，令我又有病人求診，原因是這位姐姐吃了安宮之後，胃部感到非常不適，沒有胃口，已經數日。我看看她舌頭，顏色很白，她還說大便有點溏。我想應該是脾胃受寒，於是處方了大建中湯及四神丸加減，著她服藥四天並戒口生冷食物，然後複診。四天後複診，她的情況好了很多，但未完全康復，於是再開藥四天。四天過後她已完全康復，不用複診。

很多學生經常會問我，安宮牛黃丸是否可以預防中風？答案是「不」。安宮牛黃丸成份其實非常寒涼，功用清熱解毒，開竅醒神。治療中風昏迷、小兒驚厥，屬於邪熱內閉者。我亦聽過坊間不少流言蜚語，說可以每個月服用一粒安宮以作「清熱保健」之用。依我所見，根據安宮牛黃丸的成份及其功效，其實並不適合所有體質隨便服用。方中牛黃、犀牛角、麝香、黃連、黃芩、山梔子等均屬寒涼，體質稍為寒涼的人士服用後，很易會傷及脾胃中焦。又有人說，我認識的隔籬鄰舍婆婆每個月服食一粒，不見有甚麼虛寒現象，何解？其實安宮牛黃丸這個藥名並沒有專利，不同藥廠亦可以生產他們自家的安宮牛黃丸，當然成份略有不同。其中重要成份如牛黃及麝香因受管制，國內只批准數間藥廠採用天然的牛黃及麝香，其他的只能使用人工合成，香港亦然。對於天然與人工合成的分別，相信大家心中有數，效果不容置疑，所以有些品牌的「安宮」，縱使所謂亂服用亦不覺得有甚麼不適或副作用。

後續

最近一位自然療法的陳醫生致電，查詢安宮牛黃丸在坊間的一些道聽塗説，問及「安宮牛黃丸」是否適合出血性或栓塞性的腦中風，我詳細向他解釋説，「安宮」的功效是令病者開竅蘇醒，並不會通暢腦血管或對腦血管止血。依我觀察，中風病人如果持續昏迷，出院的機率或痊癒後情況都不樂觀，但如果可以令病人蘇醒，痊癒的情況就會大大改善。在此奉勸各位讀者，安宮牛黃丸並非用作補益，切記慎用。

# 補氣防治新冠

是自己的故事，二〇二二年的三月，正值新冠肺炎疫情嚴峻之時，大部份市民都響應政府接種疫苗，由於我有雙重身份，要到校園授課，要在診所診證，實在有必要保護學生及病人，所以在三月份完成第三針新冠疫苗接種。在第一及第二針疫苗接種的時候，我選擇了吉時接種，吉時即是收工之時，接種後回家好好休息，就可以減少大部份不適的反應。但今次第三針時間安排就有點麻煩，接種當晚剛巧碰上學校有教師網上會議需要出席，結果完會後回家差不多已經半夜十二點。

翌日早上十點，又有一個網上課堂，完課後已經中午十二點，忽然感覺全身肌肉有點疼痛怕冷，我心想情況不太樂觀。於是當晚完成工作後，我以前所未有的時間六點半回家，簡單晚飯後立即沖涼梳洗休息。剛上床蓋被已經感到要發病，身體有點發冷，更重要是開始出汗，是大汗淋漓的一種，汗一直流到凌晨兩點。因為滿身濕透，被逼起來更衣，喝點水後再睡，幸好再睡之時已經沒有發冷及出汗的問題。第二朝的早上，感覺已經完全康復。

今年五月某天，晚上網課期間，忽然感覺全身肌肉痠痛怕冷，我心想難道感染流行性感冒？一天之前因為工作需要，到影樓拍攝訪問半天，期間沒有戴上口罩，也許因此感染。完課後回家已差不多十二點，梳洗後趕快上床休息，蓋被一睡時全身發冷出汗，出汗情況跟去年三月份相若。如是者出汗至早上五時多，因為衣衫實在太濕，起床更衣後再睡。早上七時半起來準備上課，狀態開始恢復，脈象略浮而數，於是在家隨手撿起四粒連花清瘟膠囊服食，中午時分感覺完全康復。

自己平素尚算健康，很少感冒小病，自二二年初起因為疫情，我們診所同事中午為避免外出用膳，公司特意添置簡單煮食用具以預備午餐，當中補益湯水每個星期兩三次是我們不可缺少的。花旗參粗鬚烏雞湯是我們的首選，花旗參功效補氣、清熱、生津，粗鬚是根部，營養價值性價比很高。因為我教書時間長耗氣，服食了一段時間已經感到補氣功效。如是者一年間，飲用次數不下於八十天，肺衞之氣充足了，所以遇上一些表證外邪，自身會發汗祛邪，康復速度算是相當快速，亦未見有明顯症狀，這是我真實的體會。如果張無忌認識我，相信他不用找胡青牛醫治玄冥神掌。

後續

花旗參粗鬚烏雞湯（二人份量）

花旗參粗鬚三十克；烏雞半隻；麥冬小量；紅棗六粒去核；霍山石斛片小量；生薑四片。

烏雞汆水後，與所有中藥六碗水同煮一個半小時即可。

發燒感冒表證時不宜服用。

## 醫學參考文本

---

**《中藥學》**

中國中醫藥出版社

主編：陳蔚文

2008 年 9 月初版

ISBN 978-7-80231-494-8

**《方劑學》**

上海科學技術出版社

主編：段富津

1995 年 6 月初版

ISBN 978-7-5323-3708-8

**《中華人民共和國藥典》**

廣東科技出版社

社會工業出版社

編：中華人民共和國衛生部藥典委員會編

1995 年 8 月第一版

ISBN 7-5359-1540-X

# 後記

上年中有幸認識小魚夫婦，小魚（余瑋琪先生）是文藝愛好者，亦是編輯、平面設計師，出版經驗豐富。初見面時他贈予其繪本作品《影樹下》，書中插畫和文字，都是小魚老師手筆，文思簡潔卻能觸發讀者思考的空間，實是一本好書。及後與小魚老師清談時，說起我多年來有個想法，希望將過往自己臨床的病案，擇其可取的輯錄成書，一方面推廣中醫藥，另一方面給廣大讀者知道，中醫中藥對治療一些奇難雜症有其獨特之處。小魚老師聽後，表示支持，答允擔任本書的出版顧問。

另外，好友吳慧珊小姐，她曾在多間電視台及非政府機構出任監制及公關多年，文筆卓越。她一聽到我出書的想法，便主動提出幫忙協助編輯。

這本病案小書的構思醞釀多年，只是一直耽擱，今有幸得小魚老師及吳小姐的支持，出版之火又燃燒起來。經過十個多月的整理資料、編寫、書刊設計及印刷，我的首部拙作終於付梓出版。製作過程實非我料，期間遇到不少困難，幸得多位好友及老師的幫忙，問題最終迎刃而解。執筆之時勾起許多回憶，過往與病者相處的日子，有喜樂有失落，人生必然。有幸與他們一同並肩，為健康而戰，縱使路是漫長且艱辛。另外真的十分感恩上天，給予我醫師及老師的職責，在診證之餘，可以用另一身份將中醫藥文化推廣傳承，教學相長。

本書沒有甚麼驚天地的內容，有的都是有血有淚的真實故事，一切就在我們的身邊。五十位病者的經歷，對他們來說都是獨一無二，如果他們的故事令您對中醫藥有了新的感受，感謝！這就是本書的目的。

在此特別想感謝尤傳香博士、李勇教授及韓方光醫生賜序，令本書生色不少。另外還想感謝才藝館的何俊霆先生對出版方面的建議。

最後最重要的，很想衷心感謝我多年來的合作夥伴——曾詠兒姑娘，因為她的出現，我可以豁開去專心當我喜歡的老師、開心的醫師，衷心感謝她義無反顧為我的工作日程作出妥善安排及支持，有幸遇上她，感銘難言！祝願她一生平安快樂。敬祈各位讀者身心安康。

**梁偉樂**

二〇二三年仲夏

# 相遇中醫

**作　　者**／ **梁偉樂**中醫師

**出　　版**／ **才藝館**（匯賢出版）
地址：新界葵涌大連排道144號金豐工業大廈2期14樓L室
Tel : 852-2428 0910　　Fax : 852-2429 1682
web : https://wisdompub.com.hk　　email : info@wisdompub.com.hk
**出版查詢**／ Tel : 852-9430 6306《Roy HO》

**書店發行**／ **一代匯集**
地址: 九龍旺角塘尾道64號龍駒企業大廈10樓B & D室
Tel : 852-2783 8102　　Fax : 852-2396 0050
facebook : 一代匯集　　email : gcbookshop@biznetvigator.com

**版　　次**／ 2023年7月初版
**定　　價**／ (平裝) HK$128.00　　(平裝) NT$500.00
**國際書號**／ ISBN 978-988-75521-9-2
**圖書類別**／ 1.醫學